本书为2014年度国家社科基金项目"左江流域壮语语言文化典藏"（项目号：14XYY017）的研究成果之一。

黄美新 著

左江流域壮语文化图典

中国社会科学出版社

图书在版编目（CIP）数据

左江流域壮语文化图典／黄美新著．—北京：中国社会科学出版社，2021.8

ISBN 978-7-5203-8883-2

Ⅰ.①左… Ⅱ.①黄… Ⅲ.①壮语—文化语言学—图集 Ⅳ.①H218-64

中国版本图书馆CIP数据核字（2021）第162803号

出 版 人	赵剑英
责任编辑	郭 鹏
责任校对	刘 俊
责任印制	李寡寡

出　　版	中国社会科学出版社
社　　址	北京鼓楼西大街甲158号
邮　　编	100720
网　　址	http://www.csspw.cn
发 行 部	010-84083685
门 市 部	010-84029450
经　　销	新华书店及其他书店
印　　刷	北京明恒达印务有限公司
装　　订	廊坊市广阳区广增装订厂
版　　次	2021年8月第1版
印　　次	2021年8月第1次印刷
开　　本	710×1000 1/16
印　　张	33.5
插　　页	14
字　　数	560千字
定　　价	198.00元

凡购买中国社会科学出版社图书，如有质量问题请与本社营销中心联系调换
电话：010-84083683
版权所有　侵权必究

彩图 1　平地上的壮族村落

彩图 2　山坡上的壮族村落

彩图 3　木骨泥墙干栏二

彩图 4　大新县短衣壮女服饰

彩图 5　大新县飘巾黑衣壮女服饰

彩图 6　布傣女服饰

彩图 7　布侬女服饰

彩图 8　布衽型女服饰

彩图 9　大新县壮族男服饰

彩图 10　捏糍

彩图 11　粽子

彩图 12　五色糯米饭

彩图 13　白斩鸡

彩图 14　烤猪

彩图 15　龙碰

彩图 16　生红

彩图 17　种田

彩图 18　割稻

彩图 19　收甘蔗

彩图 20　龙眼

彩图 21　菠萝

彩图 22　指天椒

彩图 23　织布

彩图 24　壮锦

彩图 25　绣球

彩图 26　十女送嫁

彩图 27　花合

彩图 28　拜坟山

彩图 29　做天

彩图 30　游龙

彩图 31　歌坡节对歌

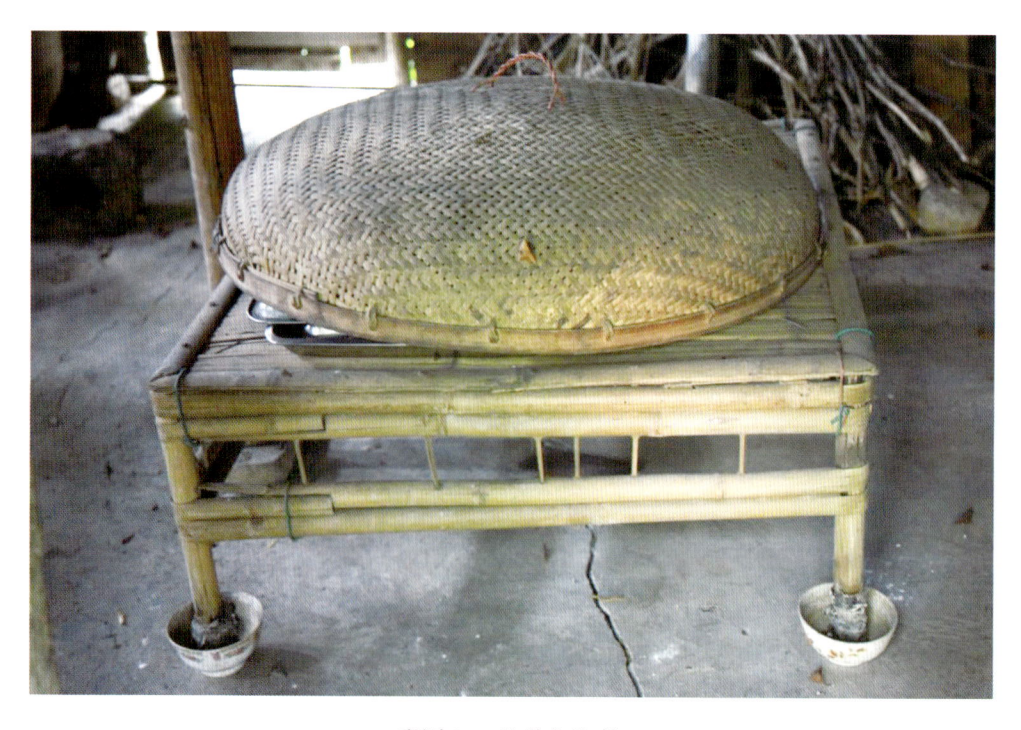

彩图 32　竹盖和竹桌

彩图 33　竹碗柜

彩图 34　陶甑

彩图 35　三仙舞

彩图 36　麒麟舞

彩图 37　打榔舞

彩图 38　雀舞

彩图 39　凳荡舞

彩图 40　抛绣球

彩图 41　抢花炮

彩图 42　跳竹竿

彩图 43　打尺子

彩图 44　斗鸡

彩图 45　祭拜山神

彩图 46　道公主持祭蚬木王

彩图 47　法师

目　　录

引　言 …………………………………………………………（1）
凡　例 …………………………………………………………（3）

壹　居住 ……………………………………………………（5）
 一　居住环境 ……………………………………………（5）
 二　房屋建筑 ……………………………………………（14）

贰　服饰 ……………………………………………………（65）
 一　大新壮族传统服饰 …………………………………（65）
 二　龙州壮族传统服饰 …………………………………（71）
 三　崇左江州壮族传统服饰 ……………………………（76）
 四　凭祥壮族传统服饰 …………………………………（77）
 五　宁明壮族传统服饰 …………………………………（82）
 六　扶绥壮族传统服饰 …………………………………（84）
 七　天等壮族传统服饰 …………………………………（86）
 八　靖西壮族传统服饰 …………………………………（86）
 九　其他装饰 ……………………………………………（87）

叁　饮食 ……………………………………………………（97）
 一　主食 …………………………………………………（97）
 二　特色食品 ……………………………………………（100）
 三　菜肴 …………………………………………………（136）
 四　节日宴席 ……………………………………………（156）

肆　生产劳动 ································ (162)
　　一　农业生产 ······························ (162)
　　二　农具 ·································· (170)
　　三　种植加工 ······························ (211)
　　四　家庭养殖 ······························ (225)
　　五　手工艺 ································ (232)
　　六　其他农事 ······························ (248)
　　七　商业活动 ······························ (260)

伍　婚丧生寿 ································ (275)
　　一　婚嫁习俗 ······························ (275)
　　二　丧葬习俗 ······························ (283)
　　三　生育习俗 ······························ (304)
　　四　祝寿 ·································· (310)

陆　节日节庆 ································ (312)
　　一　传统节日 ······························ (312)
　　二　纪念节日 ······························ (343)

柒　日常生活用具 ···························· (364)
　　一　厨具 ·································· (364)
　　二　卧具 ·································· (381)
　　三　家具 ·································· (383)
　　四　其他生活用具 ·························· (392)

捌　文化艺术 ································ (398)
　　一　舞蹈戏剧 ······························ (398)
　　二　民间乐器 ······························ (413)
　　三　舞台 ·································· (419)
　　四　岩画 ·································· (421)
　　五　摩崖石刻 ······························ (423)

玖　民间体育与娱乐 …………………………………………（424）
　　一　民间体育 …………………………………………（424）
　　二　民间娱乐 …………………………………………（437）

拾　信仰崇拜 ………………………………………………（447）
　　一　自然崇拜 …………………………………………（447）
　　二　天地崇拜 …………………………………………（451）
　　三　祖先崇拜 …………………………………………（455）
　　四　土地神崇拜 ………………………………………（458）
　　五　灶神崇拜 …………………………………………（461）
　　六　巫道佛信仰 ………………………………………（462）
　　七　人物神灵崇拜 ……………………………………（507）
　　八　信奉活动 …………………………………………（514）

附录　大新壮语音系 ………………………………………（524）

参考文献 ……………………………………………………（531）

后　记 ………………………………………………………（532）

引 言

左江流域是古骆越人之地，是壮族人口最集中的区域之一，本书所指的左江流域是广西壮族自治区境内左江及其支流所流经的区域。其行政区域大体为今崇左市的范围，包括今崇左市的江洲区、扶绥县、宁明县、凭祥市、龙州县、大新县、天等县五县一区一市，还包括百色市管辖的靖西市。这里世代居住着壮、汉、瑶三个民族，其中壮族人口占88.4%，瑶族人口约占1%，其余为汉族人口。该流域的壮族自称有 $kən^2tʰɔ^3$（土人）、$pʰɔ^6tʰai^2$（傣人）、$pʰɔ^6nuŋ^2$（侬人）。语言主要是壮语，属壮语南部方言。另外，该流域的县城及镇圩的大多数居民和农村的一些村民会讲白话，该白话属于汉语粤方言。

从语言学角度看，左江流域壮语有以下两方面值得注意：

1. 受白话影响较大。该流域的壮语无论是语音，还是词汇或语法，都受到白话，甚至普通话较为深刻的影响，比如词汇方面，越来越多的白话词汇进入壮语，致使原来的民族词被遗弃，如壮语的 $pɔ^6$ "父"和 $mε^6$ "母"，现在很多地方已用粤方言词 pa^1 "爸"、ma^1 "妈"来表达。又如语法方面，壮语原来的偏正结构是"中心语+修饰语"，现在也出现了汉语的偏正结构"修饰语+中心语"。

2. 越来越多的年轻人及孩子不爱讲壮语，偏向讲普通话或白话。壮语中的一些词汇，如日常用具，很多年轻人或孩子都用普通话或白话来说，已经不会用壮语词来表达了。

这本《左江流域壮语文化图典》是2014年度国家社科基金项目"左江流域壮语语言文化典藏"的研究成果之一，其立意在于抢救左江流域一带即将消失的壮语和文化。该课题于2018年10月完成项目并结题，整个研究历经四年，期间课题负责人（即本书作者）及成员上百次到左江流域壮族村寨，甚至中越边境越南一侧的一些村寨进行调研，采用笔记、录音、摄像等技术手段，抢拍、抢录当地实物用具、风俗仪式、山歌、故事等。调查发现，左江流域一带壮族特色的"干栏"房屋以及他们原先的日常用具、服饰正在迅速消失，一些民俗仪式已经消亡，曾让壮族引以为豪的"歌圩"节，大都由一些中老年人在支撑着，基本上看不到年轻人在歌圩上对歌，还有一些民间艺术及民间体育已不复存在。基于这种现象，抢救左江流域壮语文化成为一个紧迫的任务。

需要说明的是，在拍摄过程中，壮族同胞都积极配合、支持，有的亲自担任模特。为了尊重他们的肖像权，本书特做了马赛克处理。在此特向他们表示感谢。

凡　　例

一　图片来源

本书图片共计 800 多幅。所有的词条均来自国家社科基金项目"左江流域壮语语言文化典藏"课题组负责人（即本书作者）及成员实地调查，里面所有的照片均为该课题组负责人（即本书作者）及成员所摄。

二　内容分类

本图典按内容分为 10 大类：

1. 居住：居住环境、房屋建筑。
2. 传统服饰：大新壮族传统服饰、龙州壮族传统服饰、崇左江州壮族传统服饰、凭祥壮族传统服饰、宁明壮族传统服饰、扶绥壮族传统服饰、天等壮族传统服饰、靖西壮族传统服饰、其他装饰。
3. 饮食：主食、特色食品、菜肴、节日宴席。
4. 生产劳动：农业生产、农具、种植加工、家庭养殖、手工艺、其他农事、商业活动。
5. 婚丧生寿：婚嫁习俗、丧葬习俗、生育习俗、祝寿。
6. 节日节庆：传统节日、纪念节日。
7. 日常生活用具：厨具、卧具、家具。
8. 文化艺术：舞蹈戏剧、民间乐器、舞台、岩画、摩崖石刻。
9. 民间体育与娱乐：民间体育、娱乐活动。
10. 信仰崇拜：自然崇拜、天地崇拜、祖先崇拜、土地神崇拜、灶神崇拜、巫道佛信仰、人物神灵崇拜、信奉活动。

三　注音

左江流域壮语内部并不完全一致，本书采用作者家乡广西大新县大岭村壮语的语音系统，用国际音标记音。因为左江流域各地壮语具有"调类一致，调值不一"的特点，所以国际音标只标调类，不标调值。主要发音人为冯良月，女，壮族，1942年出生，文盲，农民。附录中有音系介绍。

四　体例

1. 条目一般包括名称、正文、图片三部分，少数只有名称和正文或只有名称和图片。

2. 条目名称一般用国际音标和汉语意译词，少数用国际音标和壮语音译词记录。先写国际音标，后写汉语意译词（或壮语音译词）。

3. 图片单独、连续编号，例如"1－1"，短横前面的数字表示大类，短横后面的数字是该大类内部图片的顺序号。图片均标有出处，包括照片拍摄的时间和地点。

壹 居住

一 居住环境

[maːn³] 村寨

左江流域壮族历来聚族而居，自成村落。正如《蛮书》卷十描述的南蛮之地居住环境为"凡人家所居皆依傍四山，……惟东西南北不取周正耳"那样，左江流域壮族村址多在依山傍水的平峒和坡地上，前方和左右两翼是开阔平缓的田地。各村的房屋朝向依地势不同而异，但也有一定规律，同一家族的房屋相毗邻，朝向一致，各家自成一体，间有小巷相通。

图1-1 平地上的壮族村落（见彩图1） 2017年4月15日摄于天等县都康村

图1-2 山坡上的壮族村落（见彩图2） 2016年2月16日摄于天等县种典村

[pʰja¹] 山
[ta⁶] 河

左江流域一带高山林立、河流纵横，青山绿水随处可见。对于"江、河、海、湖"，均称为[ta⁶]。

图1-3 山、河 2015年8月5日摄于大新县恩城乡

[məŋ¹] 小溪

"小溪、水渠、排水沟"在左江流域壮语中均称为[məŋ¹]。

图1-4 小溪 2017年8月5日摄于龙州县武联村

图1-5 排水沟 2016年2月16日摄于天等县种典村

[kʰum¹nam⁴] 水塘

[kʰum¹] 即"坑",[nam⁴] 即"水"。

图 1-6 水塘 2014 年 5 月 16 日摄于崇左江州区新和镇

[mɔ⁵] 泉

图 1-7 泉 2017 年 2 月 7 日摄于龙州县金龙镇板池屯

[nam⁴fu⁵] 水库

图 1-8　水库　2016 年 10 月 22 日摄于大新县乔苗水库

[pʰaːi¹] 水坝

图 1-9　水坝　2016 年 2 月 10 日摄于大新县恩城乡侬沙屯

[mai⁴] 树

壮族村内树木较多，一般有榕树、蚬树、木棉树、龙眼树、苦楝树、樟树和其他果木。村中或村前，多有一棵或数棵高大的榕树，树下是村民歇凉休息聊天的地方。

图 1-10　大榕树　2016 年 12 月 3 日摄于凭祥市上石镇练江村

[tʰaːp⁷pɛ³] 斜塔

[tʰaːp⁷] 即"塔"，[pɛ³] 即"斜、歪"。又名 [tʰaːp⁷luŋ²kʰau³] "归龙塔"，[luŋ²] 即"龙"，[kʰau³] 即"入"。它是世界八大斜塔之一。该塔建于明代，坐落在左江中石头岛的鳌头峰上，塔高 28 米，五层六角形，倾斜 1 米左右，呈歪斜欲倒之势。虽处于江河之中，又经长年的风雨侵袭，但至今仍屹立不倒，堪称奇观。

左江斜塔有一个美丽的传说。相传，在明朝隆庆年间，左江常有一个妖龙作怪，江面漩涡翻卷，波涛滚滚，过往的船只惨遭覆没。于是人们修建一座宝塔以镇妖龙，名为镇海宝塔。但妖龙仍能出没作怪，宝塔屡建屡塌。后来人们搬来半座山奠基，并把妖龙杀死，从此左江平静，人们遂把镇海宝塔称为归龙塔。

壹 居住　　　　　　　　　　　　　　　　　　　　11

图 1-11　斜塔　2012 年 4 月 19 日摄于崇左市江州区

图 1-12　德天瀑布　2017 年 3 月 31 日摄于大新县硕龙乡

［nam⁴pʰaːi¹tɔk⁷tʰin¹］ **德天瀑布**

［nam⁴pʰaːi¹］即"水坝"，［tɔk⁷］即"落"，［tʰin¹］即"石"，合起来直译为"从石头上落下来的水坝"。位于中越边境的归春河上游，是亚洲第一、世界第四的跨国瀑布。传说，很久以前，这里到处是乱石、砂砾，一片荒凉。人们辛苦开辟出来的家园总是被风沙埋没，后来天上有两位仙女知道了，决心帮助这里的人们创建家园，她们一个扔出绿手巾，一个解下白腰带。绿手巾飘落下来，盖住了风沙，变成了绿树，使这里四季常青。白腰带化作一江流水，日夜奔流，其中挂在德天崖壁间的这段，便成了德天瀑布。

［ŋəm²］ **岩洞**

左江流域主要为喀斯特地貌，岩洞极多，大岩洞称为［ŋəm²luːŋ¹］，小岩洞叫做［ŋəm²ʔɐŋ¹］。

图 1-13　大岩洞　2017 年 2 月 1 日摄于大新县五山乡念笃屯

［kʰa¹lɔ⁶］ **路**

［kʰa¹］即"脚"，［lɔ⁶］即"路"。多为泥路或石板铺成的路。

图 1-14　路　2016 年 2 月 16 日摄于天等县种典村

图 1-15　泥路　2016 年 2 月 16 日摄于天等县康苗村

图 1-16　石板铺成的路　2016 年 2 月 16 日摄于天等县种典村

二　房屋建筑

(一) [ŋəm²] 穴居

左江流域壮语的 [ŋəm²] 原义为"岩洞",引申为"穴居"。宋《舆地纪胜》卷第一百十五曾这样记录百粤之地:"巢居崖处,尽力农事,百粤之地风气之殊者自古昔。"宋《太平寰宇记·卷八十八》也说:"其夷獠则与汉不同……巢居岩谷,因险凭高。"可见,穴居在包括左江流域在内的百粤之地自古有之,且相当普遍。左江流域至今还有穴居人家。图 1-17 的房屋位于广西大新县五山乡文应村 [luŋ²kaːŋ¹] 陇更屯。[luŋ²] 即"下",[kaːŋ¹] 即"冈",合起来即"下冈"之意。现所用地名"陇更"是壮语音译词。

图 1-18 为此屋主人正准备去干农活,姓赵,壮族,已 70 多岁。据她介绍,赵家人住此洞至少三百年了。她嫁过来时,家里除丈夫几兄弟外,还有家公、家婆及祖婆。十多年前,家里老人及丈夫相继过世,三个孩子外出打工,就她一人居住。最近两年,政府开凿此洞修公路,她家由政府

壹 居住

补偿并安置在此山下。

图 1-17 穴居 2017 年 2 月 1 日摄于大新县五山乡文应村陇更屯

图 1-18 穴居 2017 年 2 月 1 日摄于大新县五山乡文应村陇更屯

图 1-19 房屋位于广西大新县五山乡文应村念笃屯，此屯壮话名称为[nam⁴tɔk⁷]，[nam⁴]即"水"，[tɔk⁷]即"落"，合起来即"水落"之意，源于此洞常年有水滴落。现所用地名"念笃"是壮语音译词。此图洞前为村民自建的水塔，用于蓄储从岩石滴下来的水，村民说过去屯里人靠这岩石滴下的水和山下泉水生活，在旱季时山下泉水枯竭，这岩石滴下来的水就是救命水。

图 1-19　穴居　2017 年 2 月 1 日摄于大新县五山乡文应村念笃屯

图 1-20 房屋主人是一名姓赵的壮族男性老人，现年 80 多岁。据他介绍，他家人住此洞有三百年左右，他育有三个儿子，妻子早些年过世，儿子们在政府的帮助下，已在此山下起房另居，老人习惯住此屋，不愿搬离。

（二）[lən²kaːk⁷] 干栏

也叫 [lən²kau¹]、[kʰən³lən²]、[lən²kja⁵]。[lən²]即"房"之意，[kaːk⁷]即"阁"，[kau¹]其义不详，[kʰən³]为"上"，[kja⁵]即"架"。

图1-20 穴居 2017年2月1日摄于大新县五山乡文应村念笃屯

左江流域壮族自古就有干栏房，关于干栏曾有很多古代文献记载，如魏《魏书·卷一百一·列传第八十九·獠传》："依树积木，以居其上，名曰干兰，干兰大小，随其家口之数。"宋《岭南代答·卷四·巢居》："深广之民，结栅而居，上设茅屋，下豢牛豕栅。"

干栏房是为了适应岭南地区炎热多雨、地面潮湿、瘴气弥漫和猛兽横行的自然环境而建造的一种建筑。干栏房一般为两层，下层圈养牲畜，堆放杂物；上层住人，梯子从正面上或从下层左（右）开间走廊上，上层的中间正面开大门。从墙料来看，可分为［lən²taːt⁷］"木骨泥墙干栏"、［lən²tum¹］"夯土干栏"、［lən²mai⁴］"全木干栏"、［lən²tʰin¹］"石墙干栏"、［lən²tsin¹］"砖墙干栏"等五种类型。

［lən²taːt⁷］木骨泥墙干栏

［taːt⁷］即"木骨泥墙"。主要用竹条或木条做架，再用泥巴糊在竹条或木条上成墙。这种类型的干栏多建于20世纪60年代前，现已基本消失。

图1-21　木骨泥墙干栏一　2017年9月13日摄于龙州县双蒙村

图1-22　木骨泥墙干栏二（见彩图3）　2015年5月16日摄于大新县板价村

图 1 - 23　木骨泥墙干栏　2016 年 2 月 19 日摄于宁明县宏密村

[lən²tum¹]　夯土干栏

[tum¹] 即"泥土"。用泥巴夯成墙的干栏，这类干栏多建于 20 世纪 70 年代，现已基本消失。

图 1 - 24　夯土干栏　2014 年 2 月 5 日摄于大新县下雷镇新湖村

图1-25　夯土干栏　2017年2月1日摄于大新县五山乡文应村念笃屯

[lən² mai⁴] 全木干栏

[mai⁴]即"木"。用竹条或木板做墙，这种类型的干栏多建于20世纪80年代前，现已基本消失。

图1-26　竹条墙干栏　2015年5月16日摄于龙州县高山村

图 1-27　木板墙干栏　2016 年 3 月 1 日摄于龙州县三联村

[lən²tʰin¹] 石墙干栏

[tʰin¹] 即"石头"。用石头做墙的干栏，一般多见于石料较多的农村。这类干栏也越来越少见了。

图 1-28　石墙干栏　2014 年 2 月 5 日摄于大新县下雷镇新湖村

[lən²tsin¹] 砖墙干栏

[tsin¹] 即"砖"。20 世纪 80 年代以后，左江流域壮族农村建的干栏房子多以砖木结构为主，即用火砖做柱和墙，用木做横条及楼板，上覆瓦片。

图 1-29　砖墙干栏　2016 年 2 月 19 日摄于宁明县宏密村

[tsʰiŋ²] 墙壁

左江流域干栏的墙主要分为 [tsʰiŋ²taːt⁷] 木骨泥墙、[tsʰiŋ²tum¹] 夯土墙、[tsʰiŋ²mai⁴] 木墙、[tsʰiŋ²tʰin¹] 石墙、[tsʰiŋ²tsin¹] 砖墙等五种类型。

[tsʰiŋ²taːt⁷] 木骨泥墙

[tsʰiŋ²tum¹] 夯土墙

[tsʰiŋ²tʰin¹] 石墙

[haːi¹va⁴] 屋顶

也称 [tiŋ³lən²]。[haːi¹] 即"月亮"，[va⁴] 即"瓦"，[tiŋ³] 即"顶"，[lən²] 即"房"。干栏房顶主要由瓦片或茅草覆盖。20 世纪 70 年代茅草盖顶还比较多见，后来主要用瓦片盖顶，现在茅草盖顶基本消失了。

壹　居住

图 1-30　木骨泥墙　2015 年 3 月 1 日摄于龙州县民建村

图 1-31　木骨泥墙　2016 年 2 月 19 日摄于宁明县宏密村

图1-32　夯土墙　2017年2月16日摄于天等县种典村

图1-33　石墙　2014年2月5日摄于大新县下雷镇新湖村

图 1-34 瓦片盖的屋顶 2016 年 2 月 16 日摄于天等县种典村

图 1-35 茅草盖的屋顶 2016 年 8 月 7 日摄于靖西市化峒镇

[tai³laːŋ²] 底栏

[tai³] 即"底",[laːŋ²] 即圈。是干栏的底层,此层圈养牲畜,堆放杂物。

图1-36 底栏 2014年2月5日摄于大新县板价村

图1-37 底栏 2014年2月5日摄于大新县下雷镇新湖村

[tsaːŋ¹lən²] 厅堂

[tsaːŋ¹]即"中间",[lən²]即"房"。它设在干栏二层,进入二层

大门即到厅堂，厅堂后中柱处建有墙壁，壁前设有祖宗牌位，为全家供祖和接待客人的公共场所。

图1-38　厅堂　2016年2月16日摄于天等县种典村

[muŋ³]　厢房
厅堂左右为厢房。

图1-39　厢房　2016年2月19日摄于宁明县宏密村

[lən²paːk⁷tsaːu⁵] 厨房

[paːk⁷] 即"口",[tsaːu⁵] 即"灶"。厨房设在厅堂后面,一般做餐厅、火灶、火塘之用。

图1-40　厨房　2017年2月7日摄于龙州县双蒙村

图1-41　厨房　2015年5月16日摄于龙州县高山村

[nai¹] **梯子**

梯子主要有木梯和石梯。木梯称为［nai¹mai⁴］，石梯称为［nai¹tʰin¹］。左江干栏的入户方式主要是正面侧上，即在房屋正面的左或右侧上。也有少数入户方式是正面直上的。梯子一般为9—11级，级数为单数，忌偶数，壮民认为奇数为阳，是人世间，偶数为阴，是鬼魂的归宿。

图1-42　**右侧上的木梯子**　2016年2月19日摄于宁明县宏密村

图1-43　**左侧上的木梯子**　2016年2月19日摄于宁明县宏密村

图 1-44　左侧上的石梯子　2016年2月16日摄于天等县种典村

图 1-45　右侧上的石梯子　2016年2月16日摄于天等县种典村

图1-46　正面直上的梯子　2016年2月16日摄于天等县种典村

[tsʰaːn²] 晒台

通常位于干栏的正面或两侧。它由木材搭架，木架上覆盖较密的竹排，既可用于晾晒衣物、粮食等，也可用于会客、聊天、做家务等。

图1-47　晒台　2017年2月7日摄于龙州县双蒙村

图 1-48　在晒台晾晒衣物　2017 年 2 月 7 日摄于龙州县双蒙村

图 1-49　在晒台会客、聊天　2017 年 2 月 7 日摄于龙州县双蒙村

图 1 - 50　在晒台做家务　2016 年 3 月 9 日摄于龙州县三联村

[laːŋ²] **通廊**

即走廊，设在干栏的二层朝阳的前檐面，多为木板铺设。通廊作为室内外的过渡，既方便闲坐、待客，也可以放置家具及晒衣物，它与晒台结合还可以晒谷物等。

图 1 - 51　通廊　2016 年 2 月 19 日摄于宁明县宏密村

图1-52　与晒台结合的通廊　2015年3月1日摄于龙州县民建村

图1-53　承顶岩　2015年2月22日摄于大新县板价村

[ɬaːŋ²] 承顶岩

即石柱子。用于承接干栏的木柱，在防潮防腐方面有较大的作用。随着农村新居的发展，承顶岩逐渐被淘汰，有的承顶岩被遗弃在村边小巷，有的则放在新居门口当石凳，还有的放在家里当盆、桶架的垫石。

图1-54 干栏房前的承顶岩 2015年5月16日摄于龙州县高山村

(三) [lən²tʰin¹] 石屋

左江流域宁明县一带还残留有"叠石为巢"的房屋，所用材料以石头为主，称为[lən²tʰin¹]"石屋"，现已越来越少见。其建筑为院落式，由大门进，到天井，再到主屋，天井的一边有厨房、栏厩等。古代文献对岭南地区以石为料的房屋多有记载，如南朝《后汉书·南蛮西南夷传》："皆依山居止，累石为室。"宋代《新唐书·卷二百二十二下》这样描述南方民族地区房屋："叠石为巢……高二三丈者谓之鸡笼，十余丈者谓之碉。"以下图1-55至1-60石屋图片均为作者于2017年2月2日摄于宁明县那小村。

图 1 - 55　石屋

［tu¹na³luːŋ¹］ 大门

［tu¹］即"门"，［na³］即"前面"，［luːŋ¹］即"大"。

图 1 - 56　石屋大门

图 1-57 石屋大门

［lən²na³］前屋
［tʰin¹tsiŋ³］天井

图 1-58 石屋天井

[tsʰiŋ²tʰin¹] 石墙

图 1-59 石墙

[nai¹tʰin¹] 石梯

图 1-60 石梯

壹 居住

(四) [kʰɛ²lau²] 骑楼

骑楼建筑是汉文化影响下形成的建筑，左江流域一带的骑楼主要分布在圩镇上。其中最为有名的是扶绥县渠旧镇骑楼群。兴建于民国时期，硬

图 1-61　渠旧骑楼　2015 年 2 月 16 日摄于扶绥县渠旧镇

图 1-62　渠旧骑楼　2015 年 2 月 16 日摄于扶绥县渠旧镇

图 1-63　扶绥县城厢镇骑楼　2015 年 7 月 14 日摄于扶绥县城

图 1-64　扶绥县龙头乡骑楼　2017 年 7 月 30 日摄于扶绥县龙头乡

图 1-65　大新县城骑楼　2015 年 7 月 8 日摄于大新县城

图 1-66　崇左市江州区左州镇骑楼　2015 年 4 月 7 日摄于崇左左州镇

图 1-67 崇左市江州区驮卢镇骑楼 2016年2月11日摄于崇左驮卢镇

山顶砖瓦两层结构，渠旧骑楼的特点是把门廊扩大串通成沿街廊道，门廊呈弧形，遮阳避雨，适应岭南亚热带气候，通常是一楼作为商铺，楼上一般住人，是典型的民间商住功能的建筑形式。渠旧骑楼街道连廊连柱，立面统一，连续完整，共有两条骑楼街，长约300余米。骑楼对街而立，格局几乎一模一样，以圩亭为中轴相对称。骑楼街道古色古香，风韵犹存。

（五）［lən²fai²tsʰɔ²kɛ⁵］古街古宅建筑

［fai²］即"街"，［tsʰɔ²kɛ⁵］即"古老、古代"。左江流域有很多汉化地居式建筑，属于广府风格，多以青砖为墙。这些建筑的所在地都曾是明末清初至民国商业较为发达的地方，随着时代的发展变化，有的已不再是经济中心，昔日风光不在，但仍遗留下象征辉煌且具特色的古建筑，如扶绥县兴龙古街、龙州县上金旧街等。

［fai²hiŋ¹luŋ²］兴龙古街

［hiŋ¹luŋ²］即"兴龙"。位于扶绥县龙头乡兴龙屯，始建于明末清初，

图1-68　兴龙古街　2017年7月30日摄于扶绥县龙头乡兴龙屯

图1-69　兴龙古街房屋　2017年7月30日摄于扶绥县龙头乡兴龙屯

图 1-70　兴龙古街小巷　2017 年 7 月 30 日摄于扶绥县龙头乡兴龙屯

清代乾隆十一年间（1740 年）扩建，曾是左江河畔著名商埠之一。古街呈南北宽，东西略窄布局，有街巷六条，街道由青砖和青石板铺成，街道两旁现存部分民居为清末至民国初年时期商铺式古建筑，风格古朴典雅，具有较高的历史文化价值。

　　[lən²vai²kja¹]　**韦家民居**

　　[lən²] 即"房"，[vai²kja¹] 即"韦家"。位于扶绥县新宁镇长沙村，建于民国时期，均为砖木结构，单檐硬山顶，博古和龙舟脊，青砖墙，灰瓦面，绘有彩画，雕有彩塑，具有明显的地域特征。以下图 1-71 至 1-74 为作者于 2017 年 7 月 30 日摄于扶绥县新宁镇长沙村。

　　[fai²saːŋ⁵kim¹]　**上金旧街**

　　[saːŋ⁵kim¹] 即"上金"。位于龙州县上金乡，建于清咸丰元年（1851 年），现在多数房屋仍是盖小鱼鳞瓦的两层矮旧楼房，仍保持着清代时期青灰色马头墙，穿斗式建筑风貌。旧街呈南北走向，两端较窄，中间宽敞，因形似鲤鱼状且位于左江沿岸，故又有 [fai²pja¹nai⁴] "鲤鱼街"之称，[pja¹nai⁴] 即"鲤鱼"。

图 1-71　长沙韦家民居

图 1-72　长沙韦家民居

图 1-73　韦家民居彩画

图 1-74　韦家民居彩塑

壹 居住

图 1-75　上金旧街　2017 年 8 月 5 日摄于龙州县上金乡

图 1-76　上金旧街房屋　2017 年 8 月 5 日摄于龙州县上金乡

图 1-77　上金旧街门　2017 年 8 月 5 日摄于龙州县上金乡

[tu¹tsʰiŋ²ta³ɬin¹] 大新古城门

[tu¹] 即"门"，[tsʰiŋ²] 即"墙"。大新古城门位于大新县城，据文献记载，大新县城始建于明弘治十四年（1501 年），初为土城，万历十一年（1583 年）改为石城，清乾隆三十二年（1767 年）重修石墙，并开东、南、西、两小西城门共五个。因年久失修，现仅存东、西、南等三个城门。今所见的古建筑城门为经明、清、民国多次维修后的大新县古城门。

图 1-78　大新古城南门　2017 年 8 月 9 日摄于大新县城

图 1-79　大新古城东门　2017 年 8 月 9 日摄于大新县城

图 1-80　大新古城西门　2017 年 8 月 9 日摄于大新县城

（六）[lən²tʰɔ³ɬi¹] 土司建筑

[lən²] 即"房"，[tʰɔ³ɬi¹] 即"土司"。左江流域壮族土司文化历史悠久，自唐以后中央王朝在左江流域实行羁縻制度，到宋代，实行土司制度，在这一地区建立了 26 个土州、县、峒。土司制度一直延续到民国初年。至今左江流域一带还留有大量的土司衙门遗址及古建筑，具有重要的研究和开发价值。

[lən²tʰɔ³ɬi¹ʔaːn¹pʰiŋ²] 安平土司建筑

位于大新县安平村，是现存保存较为完整的土司建筑。

图 1-81　安平州衙遗址　2017 年 8 月 1 日摄于大新县安平村

[taŋ⁵tsɔŋ¹li²] 长鼓型石凳

[taŋ⁵] 即"凳"，[tsɔŋ¹] 即"鼓"，[li²] 即"长"。大新县安平村现存长鼓型石凳两个，均被村民放在自家门口当凳子用。

[nai¹tʰin¹] 台阶石凳

大新县安平村还存留有土司建筑中大量的台阶石，现均被村民们放在自家门口当凳子用。

图 1-82　长鼓型石凳（左边）　2017 年 8 月 1 日摄于大新县安平村

图 1-83　台阶石凳　2017 年 8 月 1 日摄于大新县安平村

[ɬaːŋ²] 承顶岩凳

大新县安平村还存留有土司建筑中大量的承顶岩，现均被村民们放在自家门口当凳子用。

图1-84　大新县安平村土司建筑门口当做凳子用的承顶岩　2017年8月1日摄于大新县安平村

图1-85　大新县安平村村民家门口当凳子用的承顶岩　2017年8月1日摄于大新县安平村

[pai¹]　石碑

遗弃在大新县安平村中的土司石碑约10块，有马、鹿、麒麟、狮等动物形象。

图 1-86　石碑　2017 年 8 月 1 日摄于大新县安平村

(七) 其他建筑

[kʰiu²]　桥

[kʰiu²mai⁴]　木桥

用独木或两三根树干并在一起，直接架过小溪沟。左江流域基本上各村寨都有小溪沟，因此这种类型的桥较多见。

[kʰiu²tʰin¹]　石桥

弧形的桥洞称为 [kuŋ³]。这种桥主要见于运输较多的公路上，村寨中一些较大溪沟的桥用砖石混水泥砌成，也叫做 [kʰiu²tʰin¹] "石桥"。

[tiu⁵kʰiu²]　吊桥

[tiu⁵] 即 "吊"。吊桥用于河面较大的河流。昔时，桥是用几根粗绳在河的两端固定，再叠置木板或竹板而成。如今多用钢丝绳架在河的两端，这样相对经久耐用且安全些。

图 1-87　木桥　2016 年 8 月 8 日摄于凭祥市友谊村

图 1-88　石桥　2015 年 2 月 22 日摄于大新县板价村

图 1-89　石桥　2015 年 2 月 22 日摄于大新县板价村

图 1-90　吊桥　2016 年 8 月 7 日摄于大新县安平村

[tʰuŋ³kai⁵] 鸡笼

[tʰuŋ³] 即"笼",[kai⁵] 即"鸡"。用木条或竹条钉成的大笼,多为长方形,外面架有喂食的槽,称 [laːŋ²]。

图1-91　鸡笼　2015年2月22日摄于大新县板价村

[tsʰɔt⁸] 大笼

竹子编成的大笼子,能装几只鸡或鸭。大鸡笼叫 [tsʰɔt⁸kai⁵],大鸭笼称为 [tsʰɔt⁸pɛt⁷]。

图1-92　大笼　2014年1月30日摄于大新县大岭村

[lən²pɛt⁷] 鸭圈

「pɛt⁷」即"鸭"。用石头、砖头或篱笆围成一圈，并盖顶，使鸭免受日晒雨淋。

图 1-93　鸭圈　2015 年 2 月 21 日摄于大新县板价村

[laːu⁴] 竹圈

竹子编成的围栏，围鸡、鸭用。鸡竹圈叫 [laːu⁴kai⁵]，鸭竹圈称为 [laːu⁴pɛt⁷]。

图 1-94　鸭竹圈　2017 年 1 月 30 日摄于靖西市旧州镇

图1-95　鸡竹圈　2017年9月4日摄于龙州县金龙镇

[laŋ²kai⁵]　鸡窝
[laŋ²]即"窝"。在一个竹筐里放一些稻草，供母鸡孵小鸡用。

图1-96　鸡窝　2015年5月16日摄于龙州县高山村

壹 居住

[mɛŋ²] 罩笼
用竹编成的笼，底下开口，上面封顶，围小鸡、小鸭群用。

图 1-97　罩笼　2016 年 6 月 2 日摄于崇左江州区新安村

[lap⁷kai⁵] 鸡笼
[lap⁷] 即"小笼"。用竹篾编成的小笼子，装鸡用，能挑着走。

图 1-98　鸡笼　2015 年 4 月 14 日摄于凭祥市区

图 1-99　鸡笼　2015 年 4 月 23 日摄于扶绥县东门镇

[ɬɔŋ²mu¹]　猪笼

[ɬɔŋ²] 即"笼"，[mu¹] 即"猪"。用竹蔑编成的长形笼子，装小猪用。

图 1-100　猪笼　2015 年 5 月 3 日摄于崇左江州区

[laːŋ²vaːi²] 牛圈

这是干栏房底层的牛圈，随着干栏房的消失，很多地方的牛圈都变成了[lən²vaːi²]"牛屋"，多设在主人房屋后面或两侧的空地。

图1-101　牛圈　2015年2月27日摄于龙州县民建村

图1-102　牛屋　2015年4月28日摄于扶绥县新安村

[hɔːk⁸mu¹] **猪圈**

[hɔːk⁸] 即"圈",用木板或砖围成,用于养猪。

图1-103　猪圈　2016年2月11日摄于崇左江州区安宁村

[kʰum¹kʰi³] **屎坑**

即厕所。[kʰum¹] 即"坑",[kʰi³] 即"屎"。昔时壮族人习惯在野外挖一个坑,再用石头、篱笆或茅草围成厕所。现在这类厕所已逐渐少了。

图1-104　用石头围成的厕所　2017年2月1日摄于大新县文应村

图 1 - 105　茅草棚厕所　2016 年 2 月 18 日摄于宁明县达佞屯

[ləŋ²hiŋ¹jin¹] 烤烟房

[hiŋ¹] 即"烤",[jin¹] 即"烟"。左江流域一带盛产烟叶,昔时一些地方如靖西、天等、大新等市县壮民习惯自烤烟叶,这类烤烟房约建于 20 世纪 60 年代,现在已基本废弃。

图 1 - 106　烤烟房　2017 年 1 月 30 日摄于靖西市化峒乡

图1-107　菜园　2017年7月22日摄于崇左江州区保安村

[ɬun¹pʰjak⁷] 菜园

[ɬun¹]即"园",[pʰjak⁷]即"菜"。一些农家在村边或自家门前屋后一些小块地方种菜,用[tsik⁷li²]"篱笆"围起来的称[ɬun¹pʰjak⁷]"菜园";没有篱笆的称[ti⁶pʰjak⁷]"菜地",[ti⁶]即"地"。

图1-108　菜地　2016年3月9日摄于龙州县武德村

贰　服饰

左江流域自古盛产苎麻、葛类、木棉、芭蕉等植物，这些植物是古代纺织布的主要原料。早在新石器时代，壮族先民已懂得利用这些材料来捻线织网捕鱼。左江流域一带壮族先民为适应当地炎热的气候和地理环境，所制的衣服式样短而宽松，"短卷不袴，以便涉游；短袂攘卷，以便刺舟"。还流行"椎髻簪发""错臂左衽"和"徒跣"之俗。

一　大新壮族传统服饰

大新壮族自称［kən²tʰɔ³］"土人"。传统服饰称为［ɫə³kʰwa⁵tsʰɔ⁶kɛ⁵］，［ɫə³］即"衣"，［kʰwa⁵］即"裤"，［tsʰɔ⁶kɛ⁵］意为"古老、古代"。大新县至今仍保留有独具特色的壮族传统服饰风格，主要有［ɫə³tin³kʰwin²li²］"短衣长裙"和［kən¹li²ɫə³nam¹］"飘巾黑衣"两种服饰。这两种服饰主要是女式服饰。

（一）［ɫə³tin³kʰwin²li²］短衣长裙

［tin³］即"短"，［kʰwin²］即"裙"，［li²］即"长"。"短衣长裙"是大新短衣壮族中青年女式服装，主要分布在大新县宝圩乡。所用衣料均为自织的土白布，经蓝靛染成黑色后裁剪缝制而成。这里的壮族因服饰得名"短衣壮"。这种衣长一尺左右，底襟只到腰间与裙头相接。袖子与衣长度相当或略长。上衣主要为右衽，纽路从领口往右经腋下直到襟边。

"裙子"是用三米多长的土布剪为九幅后用手工缝制而成，因其状似褶扇，故又称百褶裙。裙头两边缝有长带，穿裙时，先将裙头在左侧或右侧腰间系紧，再将左边裙幅底提上，绕过后面插到右腰间，这样，在腰后便形成了一个交叉的裙幅。

图 2-1　大新县短衣壮女服饰（见彩图 4）　2015 年 2 月 23 日摄于大新县板价村

图 2-2　大新县短衣壮女头巾

贰 服饰

[kən¹taːi⁶mɛ⁶] 女巾

即女式头巾，[kən¹]即"巾"，[taːi⁶mɛ⁶]即"女子"。女巾有白底、黑底、红底等色的花锦头巾，亦称为[kən¹laːi²]"锦巾"，[laːi²]即"花纹"。白底花锦头巾适用范围较广，老少女性皆可。黑底花锦头巾主要适用于老年女性。红底花锦头巾主要用于小孩子、年轻女性。

逢年过节，两耳挂着银耳环，"耳环"称[kɔn⁶hu¹]，[kɔn⁶]即"环"，[hu¹]即"耳"。颈部套着数个大小不同的银项环或银项链，"项链"称[kim²hɔ²]，[kim²]即"镯"，[hɔ²]即"颈"。肩披护肩巾，"护肩巾"称[taːp⁷ma⁵]。手戴银手镯，叫[kim²mə²]，[mə²]即"手"。有的戴戒指，"戒指"称[tsɔp⁸]。

图2-3 大新县短衣壮女头巾（老年）

（二）[kən¹li²ɬə³nam¹] 飘巾黑衣

[kən¹li²]即"长巾"，因其巾长可飘，故名"飘巾"。[ɬə³nam¹]即"黑衣"。飘巾黑衣壮族，主要分布在大新县龙门乡、榄圩乡和恩城乡一带，其服饰"因传其出自于唐代，又称'黑唐装'"。该装女上衣为短领，纽路从领口往右腋开列，衣长与手同。裤长一般至脚跟，裤头、裤脚宽松。穿时，青壮年妇女头部戴着内扎壮锦，外配两头下垂可飘动的白色头巾，肩披配有花边的[taːp⁷ma⁵nam¹]"黑色披肩"，下身前着方形的[vi²kʰwin²]"围裙"，围裙的裙带配有彩色壮锦，脚穿[haːi²pʰaːi³nam¹]"黑布鞋"。

图 2-4　大新县短衣壮女头巾（青年，左）

图 2-5　大新县飘巾黑衣壮女服饰（见彩图 5）　2016 年 2 月 10 日摄于大新县万礼村

图 2 - 6　大新县飘巾黑衣壮女服饰　2016 年 2 月 10 日摄于大新县万礼村

图 2 - 7　大新县飘巾黑衣壮女头巾　2016 年 2 月 10 日摄于大新县万礼村

（三）［ɬə³kʰwa⁵taːi⁶pɔ⁶kən²tʰɔ³］ 壮族男式服饰

［taːi⁶pɔ⁶］即"男人"。大新县壮族男式上衣普遍为前衽型，即对襟型，纽路从领口直下到前襟。领口、袖口和下襟底边均绣有彩色条纹。男子一般穿黑色裤子，裤脚宽松。

图2-8 大新县壮族男服饰（见彩图9） 2015年2月22日摄于大新县板价村

［kən¹taːi⁶pɔ⁶］男巾

即男式头巾，是一块两尺长的黑布，在头上围成一圈并露出两个角。

图2-9 大新县壮族男头巾 2015年2月22日摄于大新县板价村

二 龙州壮族传统服饰

龙州壮族中有两个独特的族群，即［pʰɔ⁶tʰai²］"布傣"和［pʰɔ⁶nuŋ²］"布侬"，它们依然保留着传统的民族服饰。

（一）［ɬə³kʰwa⁵pʰɔ⁶tʰai²］布傣服饰

布傣人主要分布在龙州县金龙镇一带，布傣女服饰为内穿右衽或对胸的内衣，外穿无领右衽过膝窄袖的上衣，下穿长约三尺的无褶筒裙，不穿裤，腰间系银链和腰带，银链系在腰前右侧，腰带结打在背后，带端下垂，走路时带端左右摆动。服饰都由妇女自织的棉布，染成黑色后用针线手工缝制。一般每人有3—5套衣服，赶集、走亲戚、喝喜酒时穿上新的衣服。昔时，男女平时在家穿布鞋，外出干活穿草鞋或赤脚，上街、走亲戚时则穿新布鞋。

[kən¹nam¹] 黑巾

[ŋaːŋ²] 头圈

布傣妇女的头饰一般有两层，即黑巾和头圈。先把头发盘起来，用彩色布条做成的头圈围绕在头上，再用一条约2米长的黑色头巾缠住，右边留一条约8厘米的尾巴。

图2-10　布傣女服饰（见彩图6）
2017年2月10日摄于
龙州县横罗村

图2-11　布傣女子黑巾头饰　2017年
2月10日摄于龙州县横罗村

图2-12　布傣女子头圈　2015年2月
27日摄于龙州县民建村

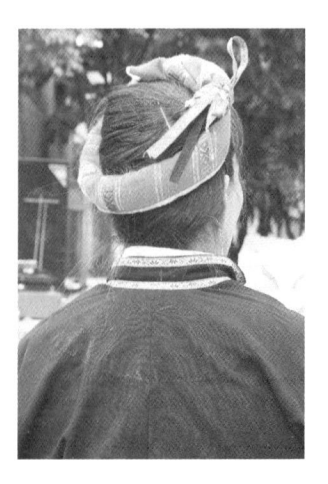

图2-13　布傣女子头圈　2015年2月
27日摄于龙州县民建村

贰 服饰

[ɬan²] 腰带

图 2-14　布傣女子腰带　2015 年 2 月 27 日摄于龙州县民建村

[lin²] 腰链

图 2-15　布傣女子腰链　2017 年 2 月 10 日摄于龙州县横罗村

[ɬə³kʰwa⁵taːi⁶pɔ⁶pʰɔ⁶tʰai²] **布傣男式服饰**

布傣男子主要穿唐装，土布制作，有七或九颗布做的纽扣，无口袋，一般为黑色。无内衣、外衣之分，夏天穿一件，冬天无棉衣要穿上两件或几件。平时用一条约2米长的黑色土布围在头上。

图2-16　布傣男子服饰　2015年2月27日摄于龙州县民建村

（二）[ɬə³kʰwa⁵pʰɔ⁶nuŋ²] **布侬服饰**

布侬人主要居住在龙州县金龙镇一带。布侬女上衣为短领，纽路从领口往右腋开列，衣长与手同。裤长一般至脚跟，裤头、裤脚宽松。衣裤无任何图案和花纹，布料均为自织的土布，颜色为黑色。腰以下围一块方形围裙，围裙的裙头是一条6厘米宽的彩带，既可作腰带，又可连围裙。围裙的穿戴方式比较特别，以左袴为中心往右边围，然后在右腰间打腰带结。脚穿黑布鞋。

[kən¹] **头巾**

布侬头饰是一块长黑布折叠三、四层后围包在头上，然后在后脑底处打一个结。

图 2-17　布侬女服饰（见彩图 7）　2015 年 5 月 16 日摄于龙州县高山村

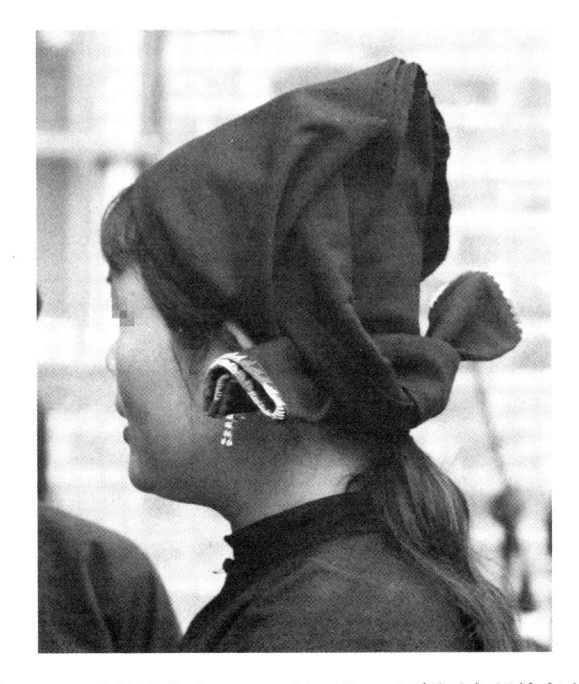

图 2-18　布侬女头巾　2015 年 5 月 16 日摄于龙州县高山村

三 崇左江州壮族传统服饰

崇左江州区壮族自称 [kən²tʰɔ³]"土人"。清朝至民国,崇左江州壮族男子穿着为唐装,对襟布纽扣,四口袋上衣,下着大脚裤。妇女多穿阔袖大襟、短领唐装上衣,镶以花边,习惯穿着宽裤。民国期间,衣服款式,农村男子穿对襟圆领唐装衫裤,包黑色头巾或戴布帽;乡村女青年穿大襟圆领唐装,襟、袖镶花边,唐装裤或扎长裙,头髻戴银质针,习惯戴耳环、项链、手镯、脚镯。农村男女很少穿鞋,每逢赶圩、走亲戚,男的穿圆口黑布鞋,女的穿绣花布鞋。民国三十年后,这种穿戴有所变化,女的仍穿唐装衫裤或短裙,袖口由阔袖改为矮领,不镶花边,戴银质首饰日渐减少。

图2-19至图2-22中的服饰是节日表演或重大活动时的服装,平时很少穿,这些服饰是在传统款式上多加了一些花边。

图2-19 崇左江州区大桥镇女服饰 2016年10月12日摄于崇左市江州区大桥镇

图2-20 崇左江州区太平镇女服饰 2016年4月29日摄于崇左市江州区太平镇

贰 服饰

图 2-21 崇左江州区江州镇女服饰
2016 年 10 月 12 日摄于
崇左市江州镇

图 2-22 崇左江州区江州镇男服饰
2016 年 10 月 12 日摄于
崇左市江州镇

四　凭祥壮族传统服饰

在凭祥一带壮族自称［kən²tʰɔ³］"土人"。女上衣为无领，有右衽和对襟型两种，右衽型的纽路从领口往右经腋下直到襟边，对襟型是中间开纽路，衣长与手同。裤长一般至脚跟，裤头、裤脚宽松。服装颜色主要为黑、蓝、青等。头饰分两种，一种是后脑左上方扎起马尾，用彩色绳子或布条扎紧，再用一条宽 3—5 厘米的绣花或镶金的布条缠绕在头顶上。另一种头饰是用一块黑色的头巾包在头上，后面留有 7—8 厘米的尾巴。

锦巾壮族，主要分布在凭祥市的凭祥镇一带，女上衣为低领，右衽，袖同衣长，衣领、袖口、底边都绣有花边。裤长至脚跟，裤头、裤脚宽松，裤脚绣有花边。头巾是一块长方形的锦巾，叫［kən¹laːi²］，因此这一族群被称为"锦巾壮"。

图 2-23　凭祥市友谊镇女头饰　2017 年 2 月 5 日摄于凭祥市区

图 2-24　凭祥市友谊镇女服饰　2017 年 2 月 5 日摄于凭祥市区

贰 服饰

图 2-25 右衽型女服饰（见彩图 8） 2015 年 6 月 27 日摄于凭祥市夏石镇

图 2-26 凭祥市夏石镇对襟型女服饰 2015 年 6 月 27 日摄于凭祥市夏石镇

图 2-27　凭祥市上石镇女服饰　2015 年 3 月 4 日摄于凭祥市上石镇

图 2-28　凭祥市上石镇女头饰　2015 年 3 月 4 日摄于凭祥市上石镇

图 2-29　凭祥市凭祥镇女头饰　2015 年 3 月 4 日摄于凭祥市凭祥镇

图 2-30　凭祥市凭祥镇女服饰　2015 年 3 月 4 日摄于凭祥市凭祥镇

五　宁明壮族传统服饰

宁明壮族自称［kən²tʰɔ³］"土人"。宁明壮族女上衣为右衽，短领，纽路从领口往右腋开列，衣长与手同。裤长一般至脚跟。男上衣也是短领，对襟。男女裤子的裤头、裤脚宽松。颜色以黑、蓝为主。这一带壮族平时穿的衣服不绣花边，一般在节庆日时才穿上绣有花边的衣服。男女都有头巾，平时女子戴的头巾是一块黑或深蓝色的粗布，男子把一条约半米长的黑或深蓝色的粗布折成约5厘米宽的布巾，然后把布巾从脑后往前绕到前头打一个结。节庆日时戴的头巾多绣有花边。

图2-31　宁明县壮族女服饰　2016年7月15日摄于宁明县濑江村

贰　服饰

图 2 - 32　宁明县壮族男服饰　2016 年 7 月 15 日摄于宁明县濑江村

图 2 - 33　宁明县壮族镶花边的女服饰

图 2 - 34　宁明县壮族镶花边的男服饰　2015 年 4 月 21 日摄于宁明县县城

六 扶绥壮族传统服饰

扶绥县壮族自称为 [kən²tʰɔ³]"土人"。蓝衣黑裤服饰，女上衣为蓝色，大襟开右边，男上衣也是蓝色，中间对襟。男女裤子都肥头宽脚。农忙时，腿缠三角绑布。扶绥县长沙、山圩一带的女头巾为白色飘巾，男头巾主要为黑底花纹的布巾。扶绥县城附近的男女头巾均为蓝或黑色，有的镶上花边。

图2-35 扶绥县山圩壮族女服饰 2015年4月17日摄于扶绥县山圩镇

贰　服饰

图 2 - 36　扶绥县城南壮族女服饰　2017 年 3 月 4 日摄于扶绥县城

图 2 - 37　扶绥县山圩镇壮族男服饰
　　　　　2017 年 3 月 4 日摄于扶
　　　　　绥县县城

图 2 - 38　扶绥县柳桥镇壮族男服饰
　　　　　2017 年 3 月 4 日摄于扶
　　　　　绥县县城

七 天等壮族传统服饰

天等县壮族自称为 [kən²tʰɔ³] "土人"。黑衣黑裤服饰，女上衣大襟开右边，男上衣中间对襟。男女裤子都肥头宽脚。男女头巾均为黑色，有的镶上花边。

图 2-39 天等县壮族女服饰 2016 年 10 月 22 日摄于天等县向都镇

图 2-40 天等县壮族男服饰 2016 年 10 月 22 日摄于天等县向都镇

八 靖西壮族传统服饰

靖西市壮族自称为 [kən²tʰɔ³] "土人"。蓝（黑）衣裤服饰，女上衣大襟开右边，男上衣中间对襟。男女裤子都肥头宽脚。

图2-41　靖西市壮族女服饰
2017年1月30日
摄于靖西市旧州镇

图2-42　靖西市壮族女服饰
2015年2月19日
摄于靖西市化峒镇

九　其他装饰

[pʰuŋ⁴]　蓑衣

蓑衣分两种，一种是乌鱼形状的蓑衣，称为[pʰuŋ⁴]；一种是四方形状的蓑衣，称为[lui⁵]。

[maːu⁶]　帽

帽子统称。

[tsup⁷kɔ²]　漏斗型斗笠

用竹蔑或竹叶编织而成的漏斗型斗笠。

图 2-43　蓑衣　2015 年 4 月 21 日摄于宁明县城

图 2-44　漏斗型斗笠　2015 年 4 月 14 日摄于凭祥市区

图 2-45　漏斗型斗笠　2015 年 4 月 14 日摄于凭祥市区

[tsup⁷maːu⁶ɬim³] 宽檐型斗笠
用竹篾或竹叶编织而成的宽檐型斗笠。

图 2-46　宽檐型斗笠　2015 年 8 月 3 日摄于龙州县板陋村

[maːu⁶mɛk⁸] 草帽

用麦秆做成的帽子。

图 2-47　草帽　2015 年 5 月 6 日摄于崇左江州镇那贞村

[tu⁶] 布帽

用布料做成的帽子。冬季时小孩和老人常戴布帽。

图 2-48　布帽　2015 年 4 月 25 日摄于宁明县城

[haːi²pʰaːi³] 布鞋

布鞋以黑色、蓝色为主，黑色布鞋称 [haːi²pʰaːi³nam¹]，蓝色布鞋称 [haːi²pʰaːi³laːm²]。

图 2-49 布鞋 2015 年 2 月 19 日摄于靖西市旧州镇

[maːt⁸] 袜子

[haːi²ju²] 草鞋

草鞋是用草编织而成，20 世纪 60 年代之前，左江流域一带农村穿草鞋还比较普遍，之后随着人们生活水平的提高，草鞋基本被废弃了。

[tsɔp⁸] 戒指

[kim²mə²] 手镯

[kim²kʰa¹] 脚镯

[kʰɛu³nam¹] 黑牙

20 世纪 50 年代以前，左江流域一带尤其是龙州和大新县壮族妇女有染牙齿习俗，说染牙美观，抗龋齿。清嘉庆《广西通志》卷六记述归顺民风有："以茜草染齿令红以示丽。"《归顺直隶州志》载："妇女多好染红牙齿，一经染后，没世不脱，此盖地近交夷尚沿其陋习欤。"这里所说的红牙实际为黑牙,当地妇女染牙主要是通过吃蒌嚼槟榔,吃蒌嚼槟榔时唾液呈红色,口唇鲜红,久之牙齿变黑。这种习俗正逐渐消失。

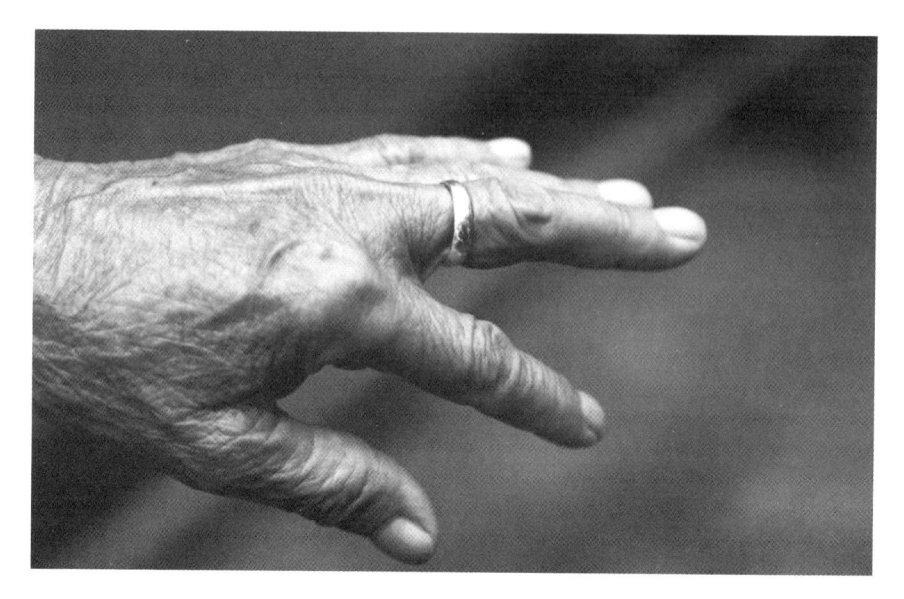

图 2-50　戒指　2015 年 10 月 3 日摄于大新县大岭村

图 2-51　草鞋　2015 年 2 月 22 日摄于大新县板价村

贰 服饰

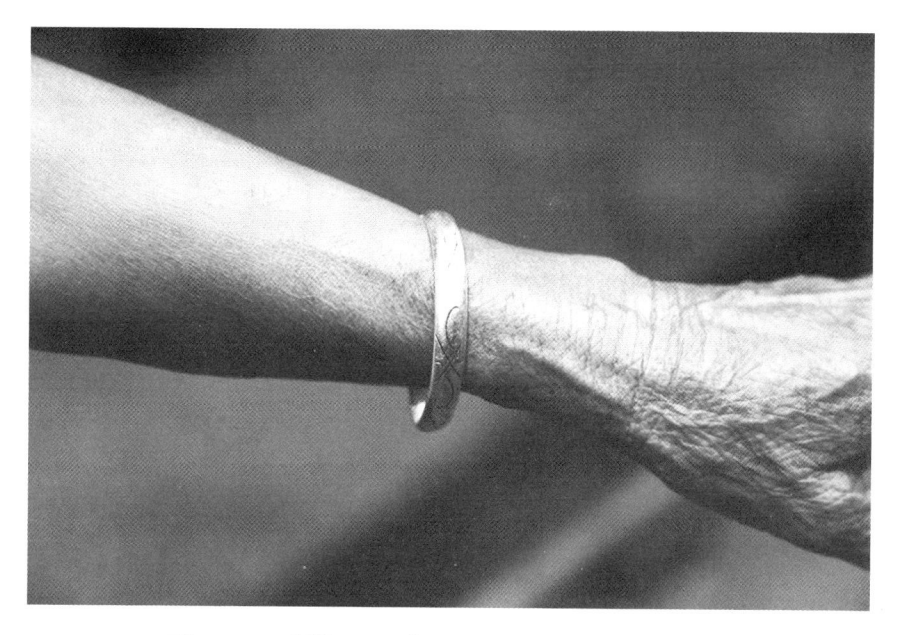

图 2-52 手镯 2015 年 10 月 3 日摄于大新县大岭村

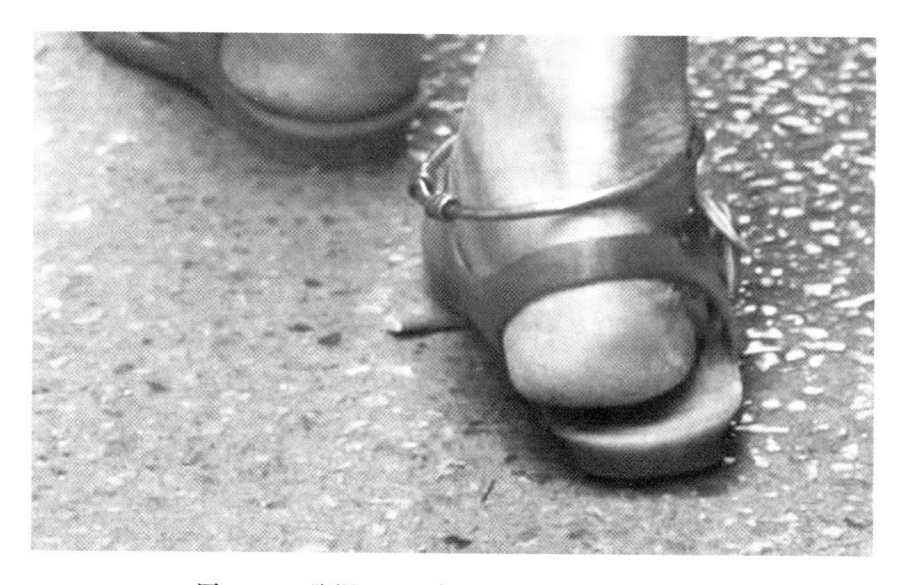

图 2-53 脚镯 2015 年 4 月 14 日摄于凭祥市区

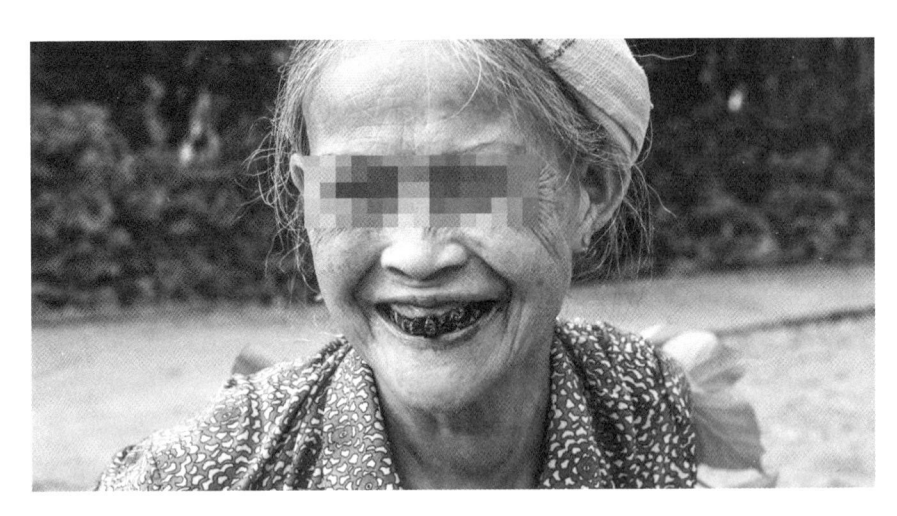

图 2 - 54　黑牙　2017 年 9 月 13 日摄于龙州县双蒙村

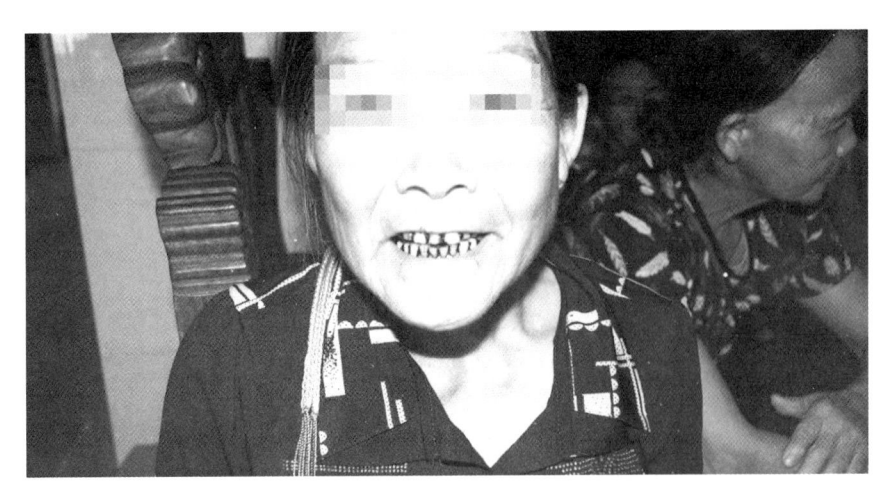

图 2 - 55　黑牙　2017 年 9 月 13 日摄于龙州县双蒙村

[kʰɛu³kim¹] 金牙

20 世纪 50—70 年代，左江流域一带男女流行"金牙"习俗，以此为美。

贰 服饰

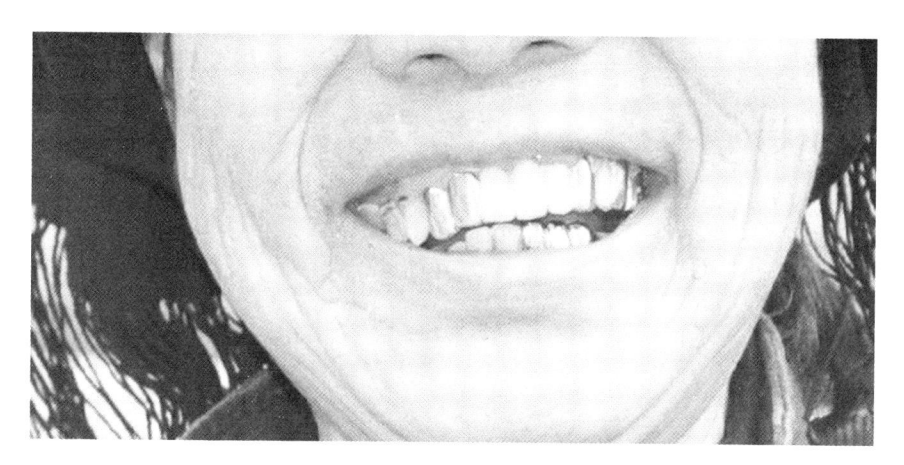

图 2-56 金牙 2014 年 1 月 27 日摄于大新县大岭村

[na¹] 背带

左江流域壮族有外婆送背带习俗，即当外孙出生十二天或满月时，外婆要送背带给外孙，保佑外孙健康成长，背带意为外孙和外婆有着不可分割的血缘关系，外孙成长后一定孝顺外婆。

图 2-57 背带 2016 年 2 月 20 日摄于宁明县达侬屯

[tai⁶] 袋

即包、袋类的统称。布袋称为 [tai⁶pʰaːi³]，背袋称 [tʰak⁷tai⁶]，提袋称 [tʰiu³tai⁶]。

图中的布袋主要流行于中越边境的凭祥市、龙州县等。

[tʰuŋ¹] 织袋

一种用毛线或麻线编织而成的彩色袋子，流行于龙州县金龙布傣族群，布傣妇女出门习惯肩挎这样一个袋子，既美观，又方便装钱包、小物件等。

图2-58　布袋　2015年4月14日摄于凭祥市区

图2-59　织袋　2015年5月16日摄于龙州县金龙镇

叁 饮食

一 主食

自古以来,左江流域壮族一直以稻米、玉米为主食,杂以粟类、红薯、木薯、饭豆等。传统饮食一般一日三餐,壮语称早餐为[kin¹tsʰau⁴],[kin¹]即"吃",[tsʰau⁴]即"早";称午餐为[kin¹ŋaːi²],[ŋaːi²]即"11点左右的餐点";称晚餐为[kin¹pjau²],[pjau²]即"火灰"。有的地方如龙州、天等等县壮族有一日四餐的习惯,即午餐和晚餐之间多加一餐,称[kin¹lɛŋ²],[lɛŋ²]即"下午3点左右的餐点"。新中国成立以前,很多山区的贫苦人家,一天三餐只能吃稀饭,而且多以玉米、木薯、荞麦磨成粉,与大米混合煮成糊状粥,搭配红薯、芋头而食,只有逢年过节才能吃上米饭。新中国成立以后,左江流域壮族吃干饭已习以为常,原来与稻米一样作为主食的玉米、红薯、木薯等已多用作饲料或零食。

[kʰau³ʔaːm¹] 米饭

[kʰau³]即"米",[ʔaːm¹]即"干"。把大米和清水放入锅里一起煮,放水要适中,一般水要没过米一节手指头的高度。

[tsuk⁷] 米粥

也称[muŋ³],把大米和清水放入锅里一起煮,所放的水量比煮干饭的水量要多两三倍,煮得稠的称为[tsuk⁷kut⁸]"稠粥",煮得稀的称为[tsuk⁷ɬai¹]"稀粥"。左江流域一带很多壮族农家不可一日无粥,有一句俗语[tsuk⁷nɘːt⁷nai³puʔnaːŋ, tsuk⁷kʰaŋ³kaːi³hɔ²kaːn¹]"热粥进补,凉粥解渴"。有的人家喜欢在粥里放一些切碎的葱花、青菜及肉末,称为[tsuk⁷maːi⁵]"肉粥"。

图 3-1　米饭　2017 年 3 月 30 日摄于大新县大岭村

图 3-2　稀粥　2016 年 7 月 15 日摄于宁明县濑江村

图 3-3 肉粥 2016年3月27日摄于大新县宝圩乡

[tsuk⁷kʰau³zi⁶] 玉米粥

先把清水放入锅中煮开，然后把玉米粉慢慢地撒入水中，一边撒玉米粉一边要用[maːm³mai⁴]"木叉"不断地搅拌水中的玉米粉，这样煮出来的玉米粥不结块。有的人家喜欢放少许的大米一起煮，认为这样口感好。

图 3-4 纯玉米粉煮成的粥 2018年1月1日摄于扶绥东门镇

图3-5 放有大米的玉米粥 2016年9月27日摄于大新县万礼村

二 特色食品

[kʰau³tsɛ⁵] 糯米饭

左江流域壮族的糯米饭一般为五色糯米饭，五色糯米饭是一种以优质糯米为主要原料，用多种天然植物提取的食用色素将其染色，然后放入甑中蒸熟，即成彩色糯米饭。五色糯米饭用于祭祖、扫墓、待客或送礼。左江流域壮族除了"三月三"节，其他节日如春节、清明节、中元节等重大节日也做五色糯米饭。五色糯米饭的"五色"主要是[nam¹]"黑"、[nɛŋ¹]"红"、[hɛn³]"黄"、[kʰə¹]"紫"、[pʰəːk⁷]"白"等。不同村寨的"五色"不完全一致，往往会有一些变化，如增加[kʰɛu¹]"绿色"、[laːm²]"蓝色"或其他颜色，或减少其中一两种颜色。有的地方做五色糯米饭时，在上面撒上一些[tʰu⁵tum¹]"花生"或[ŋa²]"芝麻"之类，更是增加糯米饭的香味。

图3-6 五色糯米饭（见彩图12） 2015年4月7日摄于崇左市左州镇

图3-7 晾晒五色糯米饭 2016年4月9日摄于大新县大岭村

[kʰau³tsɛ⁵lau¹tʰəŋ¹] 糖糯米饭

[lau¹] 即"搅"，[tʰəŋ¹] 即"糖"。

把煮熟的白色糯米饭和捣溶的红糖一起搅拌均匀即成，糖糯米饭是结婚送礼的佳品，意为生活甜蜜蜜。

图 3-8 做糖糯米饭 2015 年 2 月 23 日摄于大新县板价村

[kʰau³tum³] 粽子

又名粽粑。是壮族节日尤其是春节的特色食品，它除了满足自家节日期间的食用外，还充当祭品及礼品的功能。做粽子的米是 [kʰau³nu¹] "糯米"，馅主要有 [maːi⁵mu¹] "猪肉" 和 [tʰu⁵kʰɛu¹] "绿豆"。

[mɛn¹kʰau³tum³] 包粽子

[mɛn¹] 即"包"。节日尤其是春节来临，各家就开始忙着包粽子，往往邻里相互帮忙。

[tɔŋ¹tsiŋ¹] 粽叶

粽叶多种水塘边。壮家人习惯用它来包粽子。

图3-9 粽子（见彩图11） 2014年1月27日摄于大新县大岭村

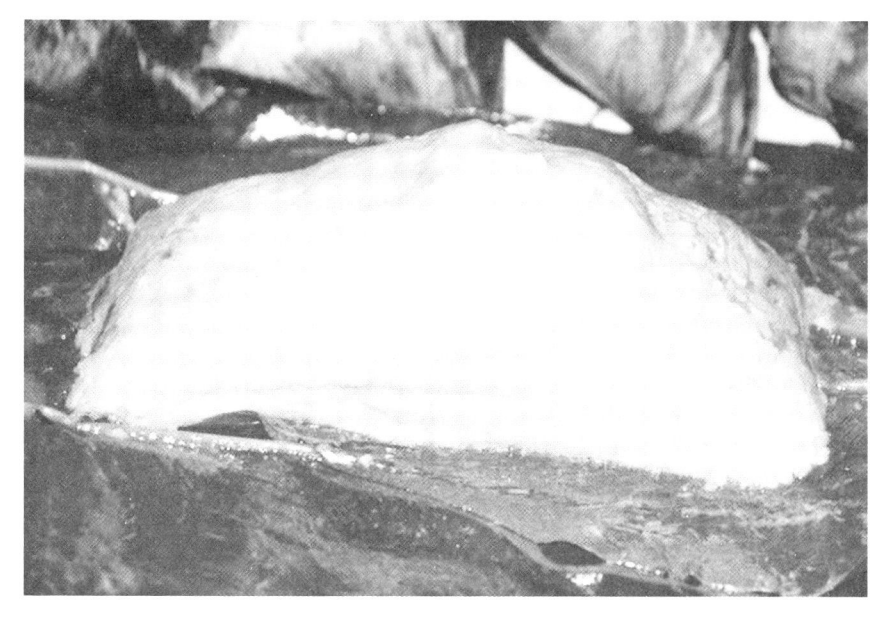

图3-10 粽子 2014年1月27日摄于大新县大岭村

图 3-11　邻里互相帮忙包粽子　2014 年 1 月 27 日摄于大新县大岭村

图 3-12　包粽子　2014 年 1 月 27 日摄于大新县大岭村

图3-13　粽叶　2014年1月27日摄于大新县大岭村

[pʰjɔːk⁷] 粽绳

山上有一种草叫 [pʰjɔːk⁷]，壮家人习惯用这种草当绳子来绑粽子。

图3-14　粽绳　2014年1月27日摄于大新县大岭村

[tum³kʰau³tum³] **煮粽子**

[tum³] 即"煮"。把包好的粽子放入一个大锅里，水淹过粽子，煮的时间长短视粽子的大小而定，一般煮十个小时左右。

图 3-15　煮粽子　2015 年 2 月 23 日摄于大新县板价村

[kʰau³tum³nam¹] **黑米粽**

[nam¹] 即"黑"。黑米粽也是由白糯米为原料，但在白糯米中加入一定分量的由芝麻秆烧成的火灰，煮出来的粽子即成黑色粽。

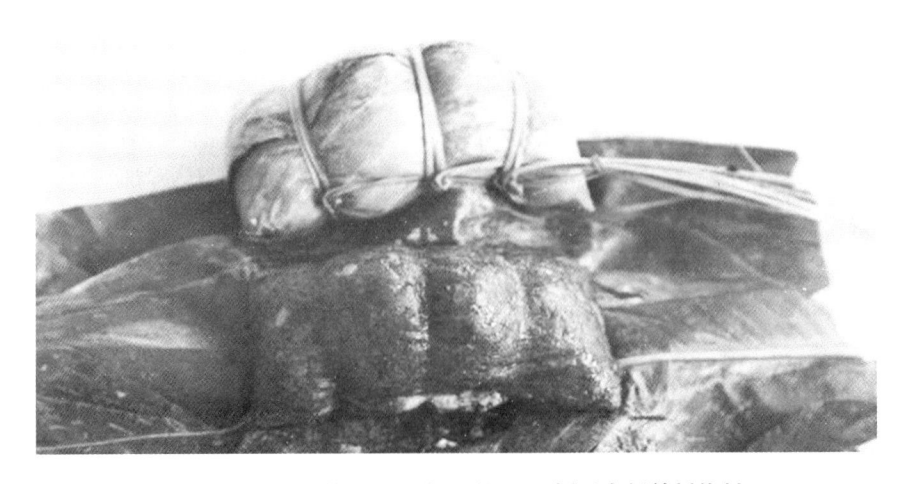

图 3-16　黑米粽　2015 年 2 月 23 日摄于大新县板价村

图 3-17　黑米粽　2015 年 2 月 23 日摄于大新县板价村

[kʰau³tum³fuːŋ¹]　方粽

[fuːŋ¹] 即"方"。这种形状的粽子主要流行在凭祥、宁明一带。

图 3-18　方粽　2015 年 4 月 21 日摄于宁明县濑江村

［kʰau³tum³ɬaːm¹kɔːk⁷］ 三角粽

［ɬaːm¹kɔːk⁷］即"三角"。三角粽主要在端午节制作。

图 3－19　三角粽　2015 年 4 月 21 日摄于宁明县濑江村

［kʰau³tum³kɔːk⁷ɬim³］ 尖角粽

［kɔːk⁷ɬim³］即"尖角"。因形状像牛角，又名［kɔːk⁷mo²］"牛角粽"。多于端午节制作。

图 3－20　尖角粽　2015 年 2 月 16 日摄于崇左市江州区江州镇

[ləŋ²tsuŋ⁵] 凉粽

又名 [tsuŋ⁵nam⁴hɔi¹] "灰水粽"，即用干净的草木灰浸水，用布过滤出的枧水来浸泡糯米，与上述各形状粽子不同的是，凉粽多为无馅的粽子，一般为圆条形，蘸蜜糖、白糖吃，润滑香甜。多于端午节制作。

图 3-21　凉粽　2014 年 7 月 22 日摄于崇左市驮卢镇

[tsʰi⁶] 糍

即糍粑。糍粑是左江流域壮族逢年过节必备的食品，糍粑以 [kʰau³nu¹] "糯米" 为原料，把糯米放入 [tsʰəŋ¹] "甑" 中蒸熟，蒸熟的糯米饭称为 [kʰau³tsɛ⁵]，趁热将糯米饭放入臼或槽中，用木杵舂溶，称为 [tam¹tsʰi⁶] "舂糍"，然后 [hɛt⁷ɬim¹] "做心"，即 "包馅"，最后用手捏成圆团，称为 [nɛk⁷tsʰi⁶] "捏糍"。有的地方在糍粑中包些红糖、芝麻、花生等馅料，这种糍粑叫做 [tsʰi⁶vaːn¹] "甜糍粑"。有的地方把碎肉、葱花、香料等做馅包在糍粑中，这种糍粑称为 [tsʰi⁶kim²] "咸糍粑"。糍粑既是壮族人家的美食，也是送礼佳品。

图3-22 舂糍 2017年2月7日摄于龙州县双蒙村

图3-23 舂糍 2017年3月29日摄于崇左市江州镇保安村

图 3-24　蒸糯米饭　2017 年 2 月 7 日摄于龙州县双蒙村

图 3-25　捏糍（见彩图 10）　2017 年 2 月 7 日摄于龙州县双蒙村

图 3 - 26　捏糍　2017 年 4 月 11 日摄于大新县硕龙镇

图 3 - 27　串糍　2016 年 3 月 9 日摄于龙州县逐卜乡弄冈村

[ʔɛt⁷] 包糍

又称 [tsʰi⁶lɔi²] "串糍" 和 [tsʰi⁶tai⁶] "糍袋"，是龙州、大新、宁明等县壮族独特食品。也是以糯米为主要原料，制作方法与上述各种糍粑相同，但唯一不同的是，糍袋要用芭蕉叶来包裹。有的地方把无馅或有馅的糯米团揉成条状，排列在芭蕉叶上，卷成筒状，再用绳子分几节扎好，形成一串串的糍粑，即为 [tsʰi⁶lɔi²] "串糍"。有的地方用芭蕉叶把无馅或有馅的糯米团一个一个地包起来，即为 [tsʰi⁶tai⁶] "糍袋"，然后放入蒸笼里蒸即可。

图 3-28　糍袋　2017 年 8 月 4 日摄于龙州县武联村

[tsʰi⁶nɛŋ¹] 红糍

壮家人用山上一种叫做 [maːi³] 的草的水汁浸泡糯米，再把蒸出来的糯米饭舂溶，然后捏成圆团即成。在龙州县金龙镇布傣人娶新娘那天，男方家要送一大担的红糍和白糍到女方家，女方家就把红的分给远道而来的亲人每人一对，白的送给本村近邻每人两个，其余的自家吃。待日后新娘有了第一个孩子，曾获赠糍的亲人要带上鸡、米等礼物去看望婴儿。这一习惯现仍盛行。

图3-29　红糍　2017年3月29日摄于崇左市江州镇保安村

[tsʰi⁶pʰəːk⁷] 白糍

白糍的颜色是白糯米的原色。把蒸出来的白糯米饭舂溶，然后捏成圆团即成。

图3-30　红糍和白糍　2015年3月4日摄于凭祥市上石镇

[tsʰi⁶ŋaːi²] 艾糍

艾糍是左江流域壮族尤其是宁明、大新、龙州县一带壮族农家的特色食品。主要原料是糯米和艾叶，把蒸熟的糯米饭和艾叶放入石臼或木槽中舂溶，再捏成圆团即成。壮族人认为用艾叶做成的糍粑能驱邪避瘟。

图3-31 艾糍 2015年3月4日摄于凭祥市上石镇

[tsʰi⁶kaːn³kɛp⁷] 白头翁糍

[kaːn³kɛp⁷] 即"白头翁"，是一种草本植物。白头翁糍是左江流域壮家特色食品，主要原料是糯米和白头翁。先用清水浸泡糯米2小时左右，再把泡过的糯米磨成浆，然后用一个布袋把米浆吊起使其滴干水，形成糯米粉团。又把白头翁剁碎，放入锅里与水一起煮，约20分钟，白头翁即煮成糊状。接着把糯米粉团与糊状的白头翁一起放入石臼或木槽中舂捣，均匀后即可捏成圆团，有的人家放一些馅如芝麻、花生或绿豆蓉等再捏成圆团，最后放入蒸笼里蒸熟即可。据《崇左壮族习俗》载，相传清光绪二十五年（1899年）龙州时疫流行，不少人上吐下泻，朝不保夕，当时广西提督苏元春在龙州驻军，为免病患，教士兵采白头翁煮吃，全军无一人染病，百姓纷纷效仿，终于渡过难关。后来人们把白头翁与糯米蒸熟捣溶

成糍粑，吃起来更可口，于是白头翁糍粑就广为流传，沿袭至今。

图 3-32　白头翁糍　2014 年 7 月 22 日摄于大新县大岭村

[tsʰiː⁶man²] **红薯糍**

红薯糍是左江流域一带壮家的风味食品。每年 11 月红薯收获后，壮家人就开始做红薯糍粑。红薯糍主要原料是红薯和糯米，先把泡过水的糯米磨成浆，装在布袋滴干水使其成糯米湿粉，然后把糯米湿粉与蒸熟并剥好皮的红薯一起捣溶，揉成糍粑皮，以花生、芝麻或碎肉、葱花、韭菜等做馅，或油炸、或煎、或蒸，清香甘甜，风味独特。它还可以作为老人寿宴上的"寿饼"送给亲戚朋友。

[tsʰiː⁶tsaːu⁵] **炸糍**

把泡过水的糯米磨成水浆，装在布袋滴干水使其成糯米湿粉，把湿粉揉成圆形的小团块，放入油锅里炸至金黄色，待其漂浮在油面上即成。

[kʰau³ɬi¹] **米花糖**

米花糖是左江流域壮族春节的必备食品。原料是糯米，把糯米蒸熟后打散，并拌入少量的米糠，一起放入石臼或木臼舂扁，然后晒干。做米花糖时，要先把之前舂扁、晒干的糯米炒至膨胀，然后与煮好的红糖浆一起搅拌均匀，最后倒入大簸箕中铺平晾干，切成小片即成。

图 3-33　红薯糍　2015 年 3 月 4 日摄于凭祥市上石镇

图 3-34　炸糍　2015 年 3 月 4 日摄于凭祥市上石镇

图 3-35　米花糖　2014 年 1 月 27 日摄于大新县大岭村

[jiu³kʰau³ɬi¹] 炒米花

炒米花要山上一种叫 [ɬaːi²pʰja¹] 的沙粒和舂米一起放入火锅里炒，三至五分钟后舂米会膨胀，即炒熟，然后用筛子把沙粒筛出。

图 3-36　炒米花　2014 年 1 月 27 日摄于大新县大岭村

[tsi³tʰəŋ¹] 煮糖

把红糖放入清水去煮，煮出来的糖浆要有一定的黏度，判断的方法是把糖浆滴到一碗清水中，滴到清水中的糖浆不散开，而是凝结沉淀在水底，即为糖已煮好。

图 3 - 37　煮糖　2014 年 1 月 27 日摄于大新县大岭村

[kɛu³tʰəŋ¹] 搅糖

即煮好糖浆后再把炒好的米花放入锅里一起搅拌均匀。

图 3 - 38　搅糖　2014 年 1 月 27 日摄于大新县大岭村

[jaːn³tʰəŋ¹] 碾糖

把搅拌好的米花倒到 [nuŋ³] "簸箕"里，用木杆碾平。

[hɛ⁶tʰəŋ¹] 割糖

即冷却后用刀来切成方块。

图 3-39　割糖　2014 年 1 月 27 日摄于大新县大岭村

[nɛn²kaːu¹] 年糕

用糯米泡水并磨成浆，装布袋沥干，接着倒到盆中，加上适量的红糖，搅拌均匀后放入蒸盘，蒸熟即可。年糕香甜可口，是左江流域壮族过年过节的必备食品。

[kaːu¹kʰau³] 白米糕

用大米磨成米浆，放入蒸笼层层蒸熟，撒入炒香的碎肉、香葱、炒花生等佐料，闻之鲜香，食之细腻，令人回味无穷。

[faːt⁷kaːu¹] 发糕

用大米泡水并磨成浆，装布袋沥干，加上适量的红糖或白糖及泡打粉，搅拌均匀后约半个小时后放入蒸盘，蒸熟即可。放红糖的发糕称为 [faːt⁷kaːu¹nɛŋ¹] "红发糕"，放白糖的发糕称为 [faːt⁷kaːu¹pʰəːk⁷] "白发糕"。发糕香甜可口，深受壮族人的喜爱。

图 3-40　煎年糕　2016 年 2 月 6 日摄于龙州县上金乡

图 3-41　白米糕　2018 年 3 月 24 日摄于扶绥县龙头乡

图3-42　红发糕和白发糕　2018年1月2日摄于扶绥县东门镇

[sa¹kaːu¹] 沙糕

用糯米、白砂糖、芝麻等为原料做成的一种传统食品。先将糯米炒成褐黄色后磨成粉，然后铺在地上的一块白布上，糯米粉的厚度为2.5厘米，铺好后再用一块白布盖上，这样3—4天后，糯米粉已充分吸收了地面的湿气，即可以加工做沙糕。将由白糖煮成的糖浆与糯米粉搅拌在一起，均匀后即可装入沙糕架压块成形，沙糕一般有三层，上下两层为皮，是糯米粉做成的，中间一层为心，一般是用芝麻、花生或豆蓉等做成的。沙糕香甜可口，是左江流域壮族春节不可缺少的食品和干粮储存品，更是送礼佳品。宁明、龙州、扶绥等县及崇左江州区的沙糕以其悠久的制作工艺及味香质软的口感堪称最佳。

[pʰjak⁷mɛn¹kʰau³] 菜包饭

用青菜把饭包起来吃，选用的青菜主要是玻璃生菜。吃菜包饭一般是清明时节前后，这个时节玻璃生菜长得最好、最旺。《崇左壮族习俗》载，据传说，吃菜包饭可以使人眼睛明亮，因为时值春季，植物叶绿花开，动物春醒目明。

图3-43　沙糕　2014年2月3日摄于宁明县城

图3-44　菜包饭　2014年2月3日摄于宁明县城

[kaːu¹kwin³] **卷筒粉**

用粉皮将馅卷成筒状而得名。粉皮的原料是大米,将大米和水磨成米浆,再将水浆舀入铁盘中,使米浆均匀地覆盖盘底,接着把铁盘放入锅中蒸煮,约5分钟即可蒸熟。最后将配好的馅料铺到粉皮中,卷成筒状即成。有的还在卷好的卷筒粉上撒上一些花生、芝麻、葱花等香料。左江流域壮族至今仍习惯用卷筒粉招待客人。

图3-45 撒上香料的卷筒粉 2015年4月21日摄于宁明县濑江村

图3-46 卷筒粉 2015年2月15日摄于扶绥县城

图 3-47　放馅　2015 年 4 月 7 日摄于崇左市左州镇

图 3-48　蒸出来的卷筒粉皮　2017 年 4 月 16 日摄于天等县把荷乡

[fan³nɔn¹] **粉虫**

即榨粉。原料为大米，将大米和水磨成水浆，滤干水分，再经过发酵，然后经榨粉机压榨成细小的粉条，边压榨边放入沸腾的水中煮，几分钟即可煮熟。味道有点酸，但清香可口，特别适合炎热时节食用。

图 3-49　煮粉虫　2015 年 3 月 1 日摄于龙州县民建村

图 3-50　煮粉虫　2015 年 3 月 1 日摄于龙州县民建村

图 3-51　粉虫　2015 年 3 月 1 日摄于龙州县民建村

[loŋ²poŋ²] 龙碰

又称 [ɬai³lə:t⁸] "血肠"。把糯米饭拌于新鲜的猪血中，配以花生、姜汁、葱头等香料，用漏斗灌入猪小肠内，然后把肠头扎紧，放进锅里加水慢火煮熟。每年腊月二十三、二十四送灶王过后，左江流域一带尤其是龙州、大新等县壮族便开始杀猪吃"龙碰"。过去左江流域壮家过年杀猪，要请左邻右舍帮忙，杀好猪后，主人要宴请大家吃"龙碰"，并且要用青叶把约一尺长的"龙碰"和半斤猪肉包好，唤小孩送到各邻居家，称送 [mai¹kʰɛu¹] "青叶"。一般一头猪要有四分之一做"青叶"送给左邻右舍。这种做法在村里按户依次进行，一天一户，一直排到年三十晚上，所以春节将临，吃"龙碰"就成了家常便饭，现在农村这一习俗已基本消失，但龙碰这一美食仍延续下来，左江流域各街圩上都有龙碰摊，生意很兴隆。

图 3-52　龙碰（见彩图 15）　2017 年 1 月 31 日摄于靖西市区

图 3-53　街上的龙碰摊　2016 年 10 月 22 日摄于大新县下雷镇

[ləːt⁸nɛŋ¹] 生红

左江流域的大新、龙州、天等、宁明等县壮家，有吃生猪血、生羊血、生鸭血的习惯。据说吃生血能滋身体、去瘀积，所以，每逢杀猪、羊、鸭时，便用鲜血来做生红。做法是：杀猪、羊、鸭时，用面盆盛血，放入适量的食盐，用筷子按顺时针方向搅拌，搅至鲜血冷却。然后将炒好的拌有花生、葱花、生姜等香料的猪杂、羊杂或鸭杂放入生血中，再冲半碗凉开水一起拌匀，几分钟后，血凝成血糕，即可食用。

图 3-54 生红（见彩图 16） 2017 年 7 月 14 日摄于龙州县双蒙村

[ləːt⁸kʰau³] 血饭

主要原料是糯米和猪血，左江流域壮家人每逢杀猪后，习惯用新鲜的猪血和洗净的白糯米搅拌均匀，加入适量的食盐、花生等，放入托盘蒸熟即可。

[kʰau³muk⁸] 竹筒饭

也叫 [kʰau³laːm¹]。每年秋收季节，居住在左江流域尤其是龙州、大新、宁明等县的壮民，为庆贺丰收，采来一种叫 [mai⁴mui²] 的竹子做竹筒饭。竹筒饭以糯米为原料，先把竹子用锯子按节眼根梢顺序，锯成每 8

寸一节，一头有节一头空，接着用锐器在股节底处扎几个小孔待用，最后把洗好的糯米灌入竹筒，下锅水煮或蒸1小时左右即熟。竹筒饭嫩滑可口，清香扑鼻。

图 3-55　血饭　2018 年 1 月 28 日摄于龙州县横罗村

图 3-56　竹筒饭　2016 年 2 月 18 日摄于宁明县岜荷村

[kʰau³naːm²kwa¹] **南瓜饭**

是壮家特色食品。其做法：把南瓜头切开，掏空籽，把调好料的米饭放入南瓜肚里，然后蒸熟即可。

图 3-57　南瓜饭　2016 年 2 月 18 日摄于宁明县濑江村

[fan³kʰwaːŋ¹laːŋ²] **桄榔粉**

用桄榔树的髓蕊制成的食用淀粉，是左江流域历史悠久的风味食品。流行于龙州、大新、凭祥等地。制作方法：春夏间，在桄榔树开花前将桄榔树砍倒，剥皮，挖出髓蕊，切碎，捣成粉末状，装入布袋，放入水中反复按捏，过滤沉淀，捞出淀粉晾干，便成灰白、细滑、闪光的桄榔粉。桄榔粉性凉、生津、清肺，可制作糕饼或掺入面粉食用，还可用开水调成饮料食用。据《崇左壮族习俗》[①] 载，清朝龙州桄榔粉就很有名气，民国初成为著名土特产，当代龙州桄榔粉经传统方法和科学方法结合精制而成，更是名扬天下，十分畅销。

---

①　崇左市政协文史和学习委员会编：《崇左壮族习俗》（崇左文史第一辑），南宁市开源彩色印刷有限公司印，广西内部资料性出版物准印证号：0007012，2008 年版，第 60 页。

图 3-58　桄榔粉　2017 年 7 月 8 日摄于龙州县上金乡

图 3-59　切片晒干后的桄榔髓蕊　2017 年 7 月 8 日摄于龙州县上金乡

[kin¹tau¹] 吃蒌

[tau¹] 即"蒌"。左江流域一带尤其崇左江州区、龙州县金龙镇，有少数壮族中老年妇女嗜食蒌叶。吃蒌有四种原料，即[mai¹tau¹]"蒌叶"、[jin¹]"烟叶"、[mai⁴hu¹]"美梧"、[hɔi¹]"石灰"等。因此，嗜食蒌叶的妇女身上总带着一个小盒子，里面装有蒌叶、烟叶、美梧、石灰以及一把小刀，小刀主要用于切割美梧及挖石灰。石灰是干净纯白的石灰在水中浸泡半年以上并经沥干的石灰浆。吃法是用蒌叶包住烟叶、美梧、石灰，然后放在嘴里嚼食，吃后口唇鲜红，唾液也红，牙齿乌黑，吃蒌可以防治牙痛，久之牙齿会变黑。20世纪70年代以前吃蒌较为普遍，现在除边远山区乡村个别老妇尚吃外，基本消失。

[kjaːu²maːk⁷ha³] 嚼槟榔

[kjaːu²]即"嚼"，[maːk⁷ha³]即"槟榔"。在大新、龙州等县一些乡村妇女有嚼槟榔的习惯。

嚼前先将槟榔果配以蒌叶、蚬粉、桂花等，然后裹好再嚼。据说，嚼槟榔能消积、杀虫、利水、消肿、防止瘴疟和牙痛等，久之牙齿会变黑。现在嚼槟榔的现象极少了。

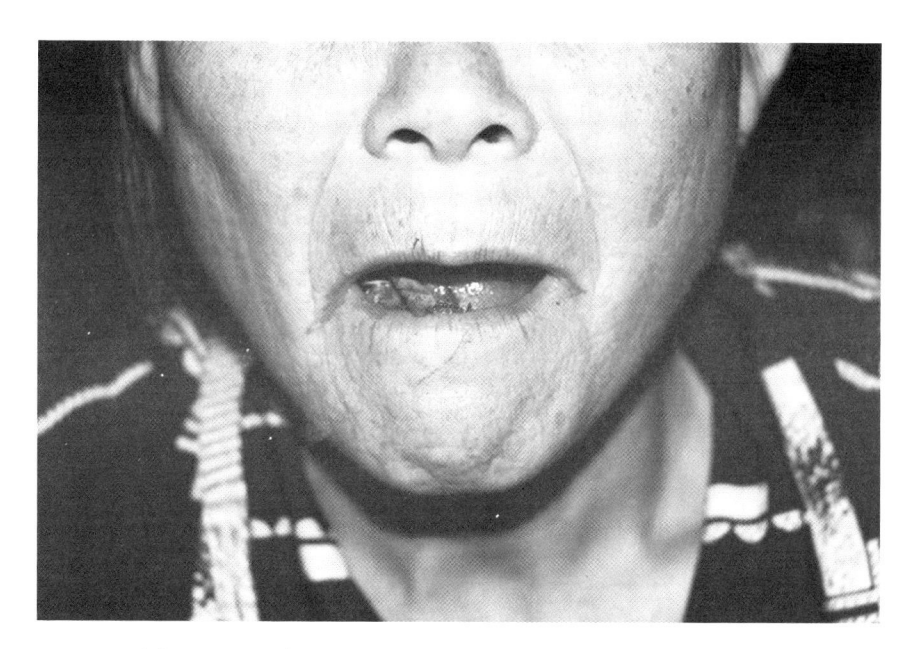

图3-60 吃蒌 2017年9月13日摄于龙州县金龙镇双蒙村

图3-61 蒌叶、烟叶、美梧、石灰及小刀、铁盒子 2017年8月6日摄于龙州县武联村

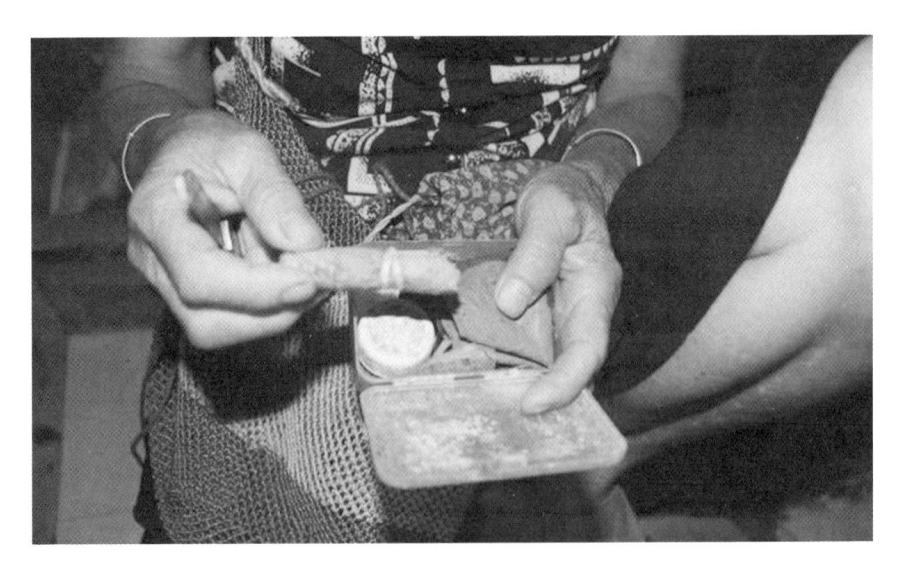

图3-62 嗜食蒌叶的妇女随身携带装有蒌叶、烟叶、美梧、石灰的小盒子 2017年9月13日摄于龙州县双蒙村

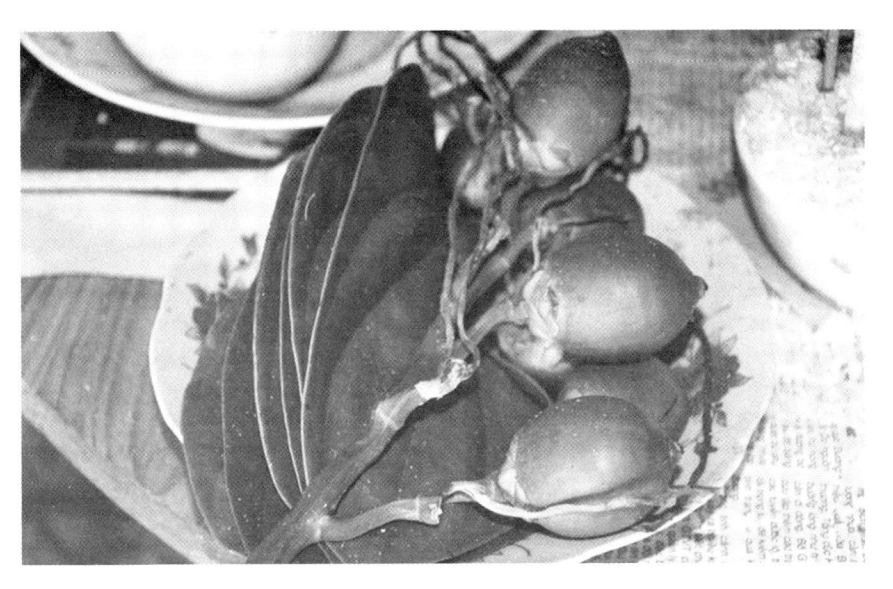

图3-63 槟榔、蒌叶 2017年8月11日摄于龙州县武联村

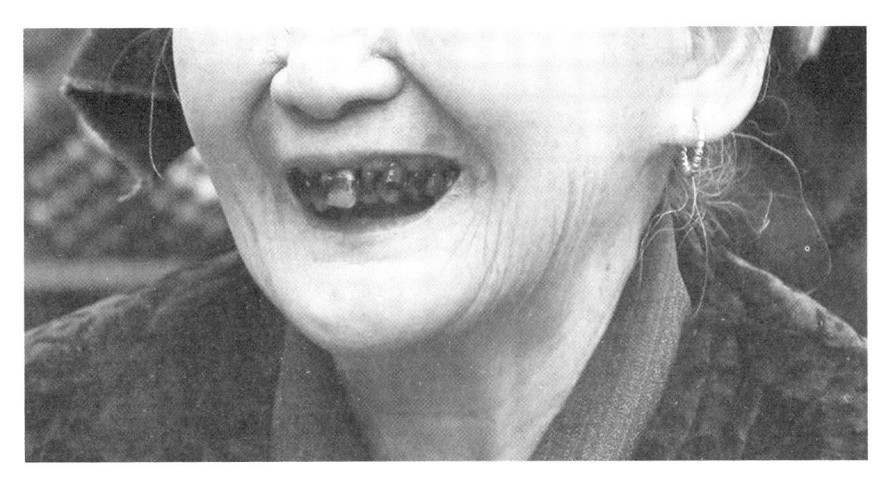

图3-64 妇女吃蒌或槟榔后的牙齿 2015年3月1日摄于龙州县双蒙村

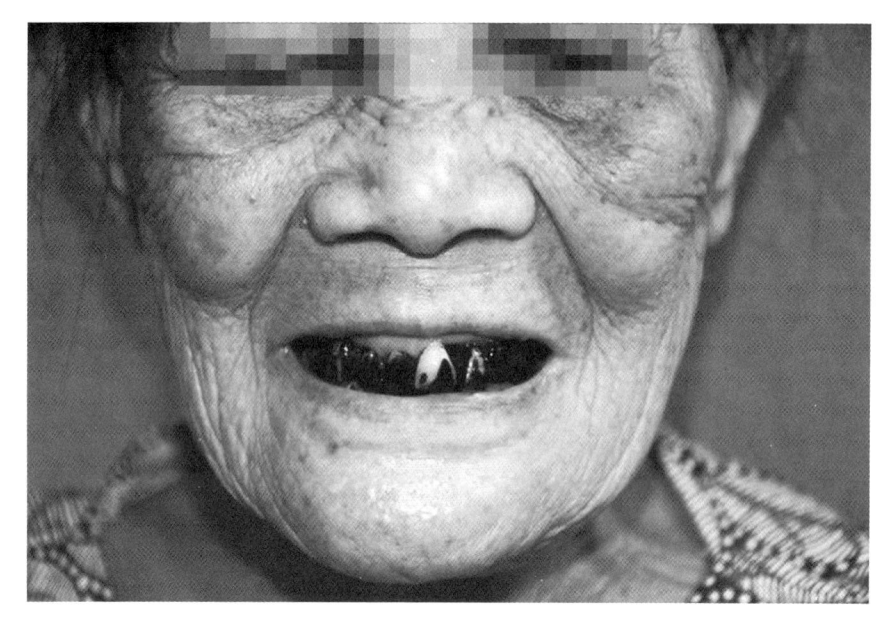

图 3-65　妇女吃蒌或槟榔后的牙齿　2017 年 8 月 6 日摄于龙州县武联村

三　菜肴

肉食主要是以家庭饲养的猪、鸡、鸭、鹅等，蔬菜以园圃种植的白菜、芥菜、卷筒青、韭菜、玻璃生菜、空心菜、菠菜、南瓜苗、红薯叶、萝卜等为主。

左江流域壮族的素菜、荤菜大都为八九成熟，不喜焖烂，喜吃带叶鲜菜。

[kai⁵tum³]　水煮鸡

即白斩鸡。[kai⁵] 即"鸡"，[tum³] 即"用水煮"。白斩鸡是左江流域壮族节日食品和招待客人的佳肴，壮族有一句俗语：[po⁵mi²kai⁵mi⁵pin²kin¹]"无鸡不成席。"白斩鸡的做法，先把活鸡宰杀，壮语称为 [kʰa³kai⁵]，而后 [lɔk⁷kʰun¹]"除毛"、[mɔk⁸ɬai³tap⁷]"掏出内脏"，洗净后清水煮，称为 [tum³kai⁵]，至七八成熟即捞起来，最后 [maːk⁷kai⁵]"斩鸡"，即用刀把鸡切成块，整齐地摆在盘中，并以葱、芫须、姜、酱油等为佐料。

图 3-66 白斩鸡（见彩图 13） 2017 年 3 月 30 日摄于大新县大岭村

图 3-67 煮熟的鸡 2017 年 8 月 4 日摄于龙州县武联村

图3-68　斩鸡　2016年3月27日摄于大新县宝圩乡

[pɛt⁷tum³]　水煮鸭

即白斩鸭。[pɛt⁷] 即"鸭"。是左江流域一带壮家过节及招待客人的佳肴。其做法和白斩鸡的做法基本一样。

图3-69　白斩鸭　2016年5月14日摄于凭祥市上石镇

图 3-70　煮熟的鸭子　2016 年 7 月 15 日摄于宁明县濑江村

[mu¹ɬiu¹]　烤猪

[mu¹] 即"猪",[ɬiu¹] 即"烤"。左江流域壮族逢重大节日,如春节、三月三、侬侗节等,有做烤猪的习惯。烤猪是节日祭祖的最大最好的

图 3-71　烤猪(见彩图 14)　2015 年 2 月 21 日摄于大新县板价村

祭品，也是待客的佳肴。做法是：将重约五十斤左右的小猪宰杀后掏出内脏并洗净，加入鸡皮果树叶等香料后缝合，用一根长木棍从猪的肛门穿入直通猪嘴巴，然后架在火炭上慢慢烘烤，直到表皮焦黄，里边熟透。

图 3-72　往小猪里塞鸡皮果树叶等香料　2016 年 3 月 27 日摄于大新县宝圩乡

图 3-73　做祭品的烤猪　2015 年 5 月 30 日摄于龙州县城

图 3-74　烤猪肉　2014 年 1 月 30 日摄于大新县大岭村

图 3-75　卖烤猪　2016 年 3 月 27 日摄于大新县宝圩乡

[maːi⁵laːp⁸] 腊肉

[maːi⁵]即"肉",[laːp⁸]即"腊"。壮家腊肉以猪肉为主,一般在春节前制作,将猪肉切成条,用酒和盐腌泡,再加上一些香料如八角粉、桂皮粉等,猪肉腌制一定时间后,就可以在阳光下曝晒了,以腊肉没有水分为止。腊肉保存时间长,味道也很香,是左江流域壮族最喜爱的食品之一。

图 3-76　晒腊肉　2015 年 2 月 16 日摄于崇左市江州区濑湍镇

[fuŋ¹tsʰaːŋ²] 风肠

即腊肠。[fuŋ¹]即"风",[tsʰaːŋ²]即"肠"。把猪肉洗净沥干,切成小条或剁碎,加上盐、酒、香料等,拌好后灌入肠衣内,用小绳分段,并用针在肠衣打一些风眼,挂在阴凉通风处一个星期即可。

[pʰjɔi⁵kʰau⁵] 脆扣

[pʰjɔi⁵]即"脆",[kʰau⁵]即"扣"。原料为五花肉,把一块如碗口大的方块五花肉放入锅里水煮至可用筷子轻轻戳穿为宜,接着捞出晾干 10 分钟左右,用锐器扎穿肉皮呈花面状,再用盐水生姜汁涂于皮面。然后把

肉块放进油锅炸到肉皮发黄生香起小颗粒为止,切成小块,再撒上少许白糖,是一道壮家喜爱的美食。

图 3-77　在曝晒的风肠　2015 年 2 月 16 日摄于崇左市江州镇

图 3-78　风肠　2015 年 5 月 16 日摄于崇左市新和镇

图 3-79　脆扣　2015 年 3 月 1 日摄于龙州县双蒙村

［maːi⁵kʰau⁵］扣肉

［maːi⁵］即"肉"，［kʰau⁵］即"扣"。其前期工序与脆扣的做法一样，即把一大块五花肉洗净放入锅里水煮至熟透，捞出晾干，然后用锐器

图 3-80　扣肉　2016 年 5 月 14 日摄于大新县大岭村

扎穿肉皮呈花面状，再用盐水生姜汁涂于皮面。然后把肉块放进油锅炸到肉皮发黄生香起小颗粒为止。脆扣无需再做蒸煮，但做扣肉还要把炸好的五花肉切成薄片，摆放到盘中，配上一些香料，然后蒸1—2小时至肉皮松软滑嫩。

[maːi⁵ɬum³] 酸肉

[maːi⁵] 即"肉"，[ɬum³] 即"酸"。壮家人把新鲜猪肉切成两个手指粗的小块，搓上盐巴，再配上适量的陈皮、生姜、大蒜头、辣子粉末、五香粉等佐料，拌上事先炒黄喷香的糯米或玉米粉末，装入坛中密封10天左右即成酸肉。酸肉肉软而不酥，略有韧性，可煎、可炒、可蒸、可炸、可生吃，口味别具一格。味道酸中微咸，使人回味无穷。开封后酸肉少则保存一至二年，多则可保存七八年不腐烂。过去酸肉多在每年春节宰猪后制作，留到荒月吃，或用于招待贵客。酸肉现已少见。

图3-81 酸肉 2014年5月15日摄于崇左市新和镇

[pʰjak⁷ɬum³] 酸菜

[pʰjak⁷] 即"菜"，[ɬum³] 即"酸"。左江流域壮家喜欢用自己种的[pʰjak⁷kaːt⁷] "芥菜"来做酸菜，做法是：把芥菜洗净晾干，然后用盐搓

芥菜至其出水，最后叠放入坛中密封好，一个月左右芥菜即成酸菜。既可生食也可与辣椒、姜等配料一起炒后食用，也可以当配料与肉类一起做成佳肴。

图3-82 酸菜 2015年3月1日摄于龙州县双蒙村

[la²fak⁸ɬum³] **酸萝卜**

[la²fak⁸] 即"萝卜"，[ɬum³] 即"酸"。左江流域壮家的酸萝卜主要是用白萝卜腌成的。壮语"腌酸"读为 [tsʰaːŋ⁸ɬum³]，"腌萝卜"读为 [tsʰaːŋ⁸la²fak⁸]。做法是：把洗净的白萝卜晾干，再把水烧开，待其冷却后倒入坛中，并放一定比例的盐，然后把萝卜放入坛中浸泡并密封好，一个月左右即成酸萝卜。吃时可以切片，放辣椒、蒜头、糖等，做成酸辣、酸甜味等。

[tsuk⁷kɛu¹ɬum³] **酸辣椒**

[tsuk⁷kɛu¹] 即"辣椒"。把洗净的辣椒及一定比例的蒜头放入盐水坛中浸泡，密封一个月左右即成酸辣椒。

图 3 – 83　酸萝卜　2016 年 5 月 14 日摄于大新县大岭村

图 3 – 84　酸辣椒　2015 年 3 月 4 日摄于凭祥市上石镇

[maːk⁷faːŋ²ɬum³] 酸杨桃

[maːk⁷faːŋ²] 即"杨桃"。野生杨桃本身酸度很高，摘回来后直接切片，配辣椒、蒜头、盐、糖等，即可成酸辣或酸甜的杨桃。

图 3-85　酸杨桃　2015 年 3 月 4 日摄于凭祥市上石镇

[nu⁵mai⁴ɬum³] 酸笋

[nu⁵mai⁴] 即"竹笋"。酸笋是左江流域壮族历来习惯制作和食用的

图 3-86　酸笋　2017 年 7 月 30 日摄于扶绥县城

家常菜肴。制法是将竹笋剥去皮壳，切成块或段，放入干净的缸里，用清水浸泡密封，一个月左右即成酸笋。食法有炒、煮汤或酸菜吃用。吃酸笋可去疲劳、治发痧、感冒等。

[muŋ⁴ɫum³] **酸檬**

[muŋ⁴] 即"檬"。用芋头的叶柄洗净晾干，成条或切段装入干净的瓦缸里，用洗米水浸泡盖好，一个月左右即成酸檬。吃酸檬可提神、降血压等。

图 3-87　酸檬　2017 年 7 月 30 日摄于扶绥县城

[tsuk⁷ɫum³] **酸粥**

[tsuk⁷] 即"粥"。酸粥是左江流域一带尤其是扶绥壮族喜爱的食品。做法：用菌种放入装有冷米饭的陶罐并密封，一周左右冷米饭发酵变酸即成，因其状如粥，故名。"酸粥"可直接食用，具有健脾开胃、消除疲劳的作用。"酸粥"还可以用来做其他菜的拌料，味道鲜美独特，令人百食不厌。2015 年，扶绥酸粥被列入广西壮族自治区第五批非物质文化遗产传统技艺类项目目录。

图 3-88　酸粥摊　2017 年 7 月 30 日摄于扶绥县城

图 3-89　酸粥　2017 年 7 月 30 日摄于扶绥县城

图 3-90　卖酸粥　2017 年 7 月 30 日摄于扶绥县城

[tsɛn¹pʰjak⁷paːt⁷] 煎假蒌

[tsɛn¹] 即"煎",[pʰjak⁷paːt⁷] 即"假蒌"。用假蒌叶包肉后放入油锅中煎成的一种美食。

图 3-91　煎假蒌　2015 年 3 月 4 日摄于凭祥市上石镇

[luk⁸tɔ⁵] 马蜂蛹

左江流域一带夏季会有很多蜂蛹，除了"马蜂蛹"，还有 [luk⁸tin²]

图 3 - 92　炸蜂蛹　2015 年 8 月 3 日摄于龙州县板陋村

图 3 - 93　马蜂巢　2016 年 9 月 28 日摄于大新县万礼村

"黄蜂蛹"，每年农历七月是黄蜂产蛹期，八月为马蜂产蛹期，因此有谚语：[tsɛt⁷tin²pɐt⁷tɔt⁵]"七黄八马"。此时山上会出现很多[ɬaŋ²tin²]"黄蜂巢"和[ɬaŋ²tɔ⁵]"马蜂巢"，当地壮民可采摘到很多蜂蛹，既可满足自家食用或招待客人，也可以拿到集市上换钱。蜂蛹可煎、可炒、可炸，味道鲜美。

[tʰu¹pʰjak⁷kaːt⁷] 头菜

壮语的[tʰu¹]即"头"，[pʰjak⁷kaːt⁷]是"芥菜"之意，头菜是芥菜的一个变种。头菜要经过腌制才能食用，制作方法：把新鲜的头菜洗净后，用细绳将菜叶扎起来，几棵头菜捆成一把，挂在木架上晾晒，晒至半干后放入缸里，放一层菜，撒一层盐，封口一个月左右即可食用。

图 3-94 晾晒的头菜 2016 年 12 月 3 日摄于凭祥市练屯

[maːi⁵pja¹ɬɐŋ¹] 鱼生肉

简称鱼生。[maːi⁵]即"肉"，[pja¹]即"鱼"，[ɬɐŋ¹]即"生"。凡是有鳞的鱼都可以用来做鱼生，以[pja¹wa⁴]"草鱼"、[pja¹nai⁴]"鲤鱼"等淡水鱼为主。制作过程：首先，[puŋ⁵ləːt⁸]"放血"，即宰杀时要从鱼腮和鱼尾处同时放血，就是把鱼尾剁掉、扣鱼腮。其次，

[kʰən³maːi⁵]"起肉",就是在鱼的身上割下鱼肉。再次,[pai¹naŋ¹]"剥皮",把鱼皮剥掉,再用专用纸包住鱼肉以吸干鱼肉的水分。最后,[hɛ⁶pʰɛn⁵]"切片",切成薄片,且每两片连在一起,一打开,两片鱼肉状如蝴蝶,称为[ɬoŋ¹min¹]"双飞"。配料一般有酱油、花生油、姜丝、鱼生草、紫苏叶、柠檬叶、头菜丝等混合在一起。

图3-95　鱼生　2016年10月23日摄于凭祥市友谊镇

[maːk⁷mai¹]　**榄角**

榄角是左江流域壮族传统美食。每年10月榄果成熟,黑皮者为[maːk⁷mai¹]"乌榄",青皮者为[maːk⁷kəm³]"青榄"。做榄角要用乌榄,做法:将成熟的乌榄放入盆中,然后倒入滚烫的开水,待其冷却,把乌榄捞出,用纱线将乌榄从椭圆中段处截成两段,除去果核,每节内放入少许细盐,捏扁即成。因呈三角形,故名榄角。晒干后可存放很久,吃时可拌以姜丝、肉片等炒食,美味可口。

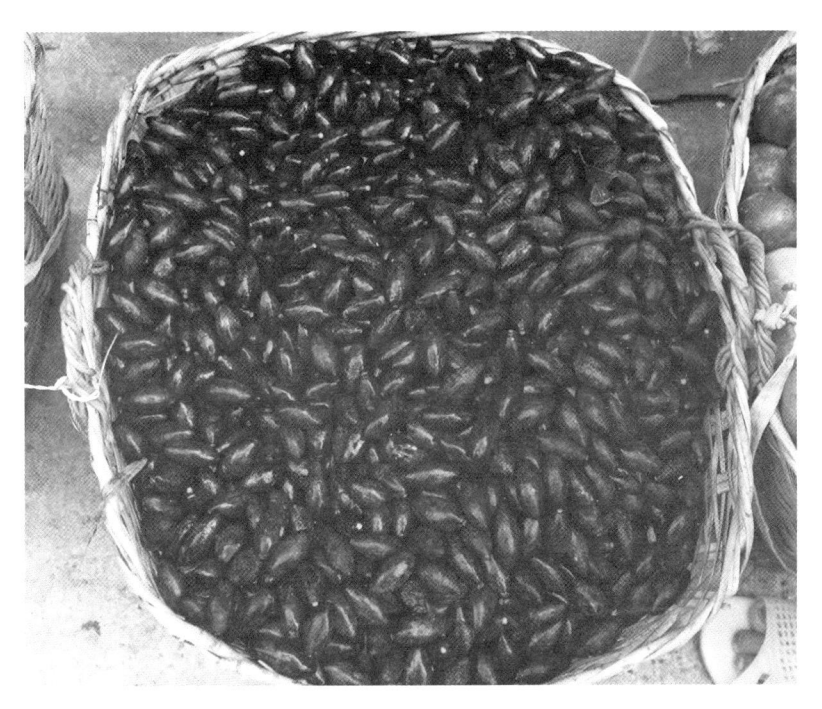

图 3-96　乌榄　2016 年 10 月 23 日摄于大新县下雷乡

图 3-97　榄角　2016 年 10 月 23 日摄于大新县下雷乡

四　节日宴席

[kin¹tɔ⁴tsɔn³] 聚餐

[kin¹] 即"吃"，[tɔ⁴tsɔn³] 即"相聚"。左江流域壮族节日期间家

图 3-98　龙州县侬侗节聚餐　2015 年 2 月 21 日摄于龙州县民建村

图 3-99　大新县三月三节聚餐　2017 年 3 月 30 日摄于大新县大岭村

族亲戚交往频繁，聚餐是必不可少的。壮家人聚餐时往往因屋里不够摆桌，一般会在屋前或屋后的平地上摆起大宴席。

[na¹tsʰɔŋ²li²] **安长桌**

即长桌宴。[na¹]即"摆放"，[tsʰɔŋ²li²]即"长桌、长台"。桌子是连起来摆放，中间不留空隙，亲朋好友们分坐桌子两边，面对面边聊天边享美食。这种宴席多由镇政府或村委会组织，各家出资一起宴请外来的朋友。

图 3-100　安长桌　2016 年 7 月 15 日摄于宁明县濑江村

[tɔ⁴tsʰai²kin¹] **百家宴**

即许多家一起宴会。[tɔ⁴tsʰai²]即"一起、互相"，[kin¹]即"吃"。桌子是分开摆放，亲朋好友围桌吃饭，每桌约 10 人。这种宴席也由镇政府或村委会组织，各家出资一起宴请外来的朋友。

[hɛt⁷paːŋ¹] **做帮**

即亲戚朋友一起帮忙做厨事。壮家逢年过节、红白事等宴席的厨事非常繁忙，有杀猪、鸡鸭鱼、煮饭、洗菜、炒菜等，这时村里的左邻右舍或亲朋好友会自愿地来帮忙，这在左江流域一带的壮族乡村已成为一种习俗。

图3-101　百家宴　2015年4月7日摄于崇左市左州镇

图3-102　一起帮忙杀猪　2015年2月23日摄于大新县板价村

图 3-103　一起帮忙杀鸡拔毛　2017 年 8 月 13 日摄于龙州县双蒙村

[kʰai¹hɛk⁷] 开锅

节日盛餐的厨事一般选在屋外，在屋外架起几个大锅，称"开锅"。

图 3-104　开锅　2017 年 9 月 13 日摄于龙州县双蒙村

[pʰjak⁷] 菜

指菜肴。节日盛餐上的菜肴多为 [maːi⁵] "肉"，主要有 [maːi⁵kai⁵]

图 3-105 崇左新和镇歌坡节菜肴 2017年3月30日摄于崇左市新和镇

图 3-106 大新县三月三节菜肴 2017年3月30日摄于大新县大岭村

"鸡肉"、[maːi⁵pɛt⁷]"鸭肉"、[maːi⁵pja¹]"鱼肉"、[maːi⁵mu¹]"猪肉"等，还有[pʰjak⁷ɬum³]"酸菜"、[fuŋ¹tsʰaːŋ²]"风肠"等特色食品。一般不会有[maːi⁵mɔ²]"牛肉"、[maːi⁵ma⁴]"马肉"、[maːi⁵mɛ³]"羊肉"、[maːi⁵ma¹]"狗肉"、[maːi⁵mau³]"猫肉"等，因为当地壮族有很多人忌食这些肉。

图3-107　龙州县金龙镇婚宴菜肴　2018年1月30日摄于龙州县金龙镇

肆　生产劳动

一　农业生产

左江流域以稻作农业为主,田分 [na²] "水田" 和 [lai⁶] "旱田" 两种。

图 4-1　水田　2015 年 4 月 22 日摄于龙州县上金乡

[na²] 水田
左江流域是稻作文化区域,[na²] 是指水田,一般用于种植水稻。

图 4-2　水田　2017 年 4 月 15 日摄于天等县都康村

[naˀ²pʰaːi¹]　水梯田

水田形成的梯田。图 4-3 是收割后水田的水已被放干，待需种植水稻时再溉水入田。

图 4-3　放干水的梯田　2016 年 2 月 21 日摄于大新县政教村

[lai⁶] 旱田

一般用于种植甘蔗、玉米、黄豆、红薯、蔬菜等。

图4-4　旱田　2016年2月18日摄于宁明县达俭屯

[lai⁶pʰaːi¹] 旱梯田

图4-5　红土旱梯田　2016年2月21日摄于天等县康苗村

旱地形成的梯田。其中红色泥土形成的旱梯田称［lai⁶pʰaːi¹tum¹nɛŋ¹］"红土旱梯田"；黑土形成的旱梯田叫［lai⁶pʰaːi¹tum¹nam¹］"黑土旱梯田"；有石头叠边的旱梯田称［lai⁶pʰaːi¹tʰin¹］"石梯田"。

图 4-6　黑土旱梯田　2017 年 2 月 1 日摄于大新县五山乡

图 4-7　石梯田　2017 年 2 月 1 日摄于大新县文应村

[tʰə¹na²] 犁水田
[tʰə¹lai⁶] 犁旱地

犁田用的动物是牛，牛有两种，一种是 [vaːi²] "水牛"，另一种是 [mɔ²] "黄牛"。

图 4-8　水牛犁田　2017 年 8 月 4 日摄于龙州县金龙镇武联村

图 4-9　黄牛犁田　2016 年 2 月 21 日摄于天等县康苗村

［pʰɔ¹naz］ 耙田

图 4-10　耙田　2017 年 8 月 5 日摄于龙州县武联村

［jaːi¹na²］ 耘田

壮族有谚语：［ʔɛt⁷jaːi¹ja³, ji⁶jaːi¹tsa³, ɬaːm¹jaːi¹ɬi⁵jaːi¹muŋ¹lɐu⁴ja⁵］"一耘草，二耘禾，三耘四耘涨破壳。"过去一般要耘两三次，甚至四次，近年来，很多农户用除草剂，只耘田一次，甚至不耘。

［nam¹na²］ 种田

［nam¹］是"插（秧）"之意，表示在水田种植，在旱地种植不能用此词，而是用［tsai¹］表示，如在旱地种甘蔗称［tsai¹ʔoi³］；在旱地种青菜称［tsai¹pʰjak⁷］。插田前要选秧，称［lɘːk⁸fan²］；撒秧称［laːm⁵tsa³］；扯秧称［lɔk⁷tsa³］；补秧苗叫［tsɔm³tsa³］；间苗称［jɔːt⁷tsa³］。

图4-11 种田（见彩图17） 2017年8月1日摄于大新县万礼村

[kun⁵kʰau³] 割稻

图4-12 割稻（见彩图18） 2015年11月1日摄于龙州县金龙镇板贵村

[tʰaːp⁷kʰau³] 担稻谷

图 4-13　担稻谷　2016 年 10 月 21 日摄于崇左市新和镇

[pʰjaːk⁷kʰau³] 晒谷

图 4-14　晒谷　2016 年 7 月 15 日摄于宁明县濑江村

二 农具

(一) 耕作工具

[tʰai¹] 犁

犁是农民用来耕地翻土的主要农具。由犁板、犁铧、牛轭、纤绳等铁木部件组成。犁板叫 [kaːp⁸]，牛轭称 [ʔɛk⁷]，犁铧称 [paːk⁷tʰai¹]，纤绳叫 [tsʰək⁸]。

图 4-15　犁　2015 年 7 月 15 日摄于凭祥市友谊镇

[pʰə¹ɬaːŋ²] 耙

分 [pʰə¹ɬaːŋ²lik⁷] "水田耙" 和 [pʰə¹ɬaːŋ²mai⁴] "旱地耙"。[pʰə¹] "水田耙" 是铁制品，用于耙水田，[mu⁶] "旱地耙" 是木制品，用于平整旱地、碎土、收拢杂物、清除杂草。

[ɬɔk⁷] 滚耙

也称 [pʰə¹ɬaːŋ²]。犁田过后，用此工具把田中泥块打碎或打成浆。

肆 生产劳动

图 4-16　水田耙　2017 年 8 月 5 日摄于龙州县武联村

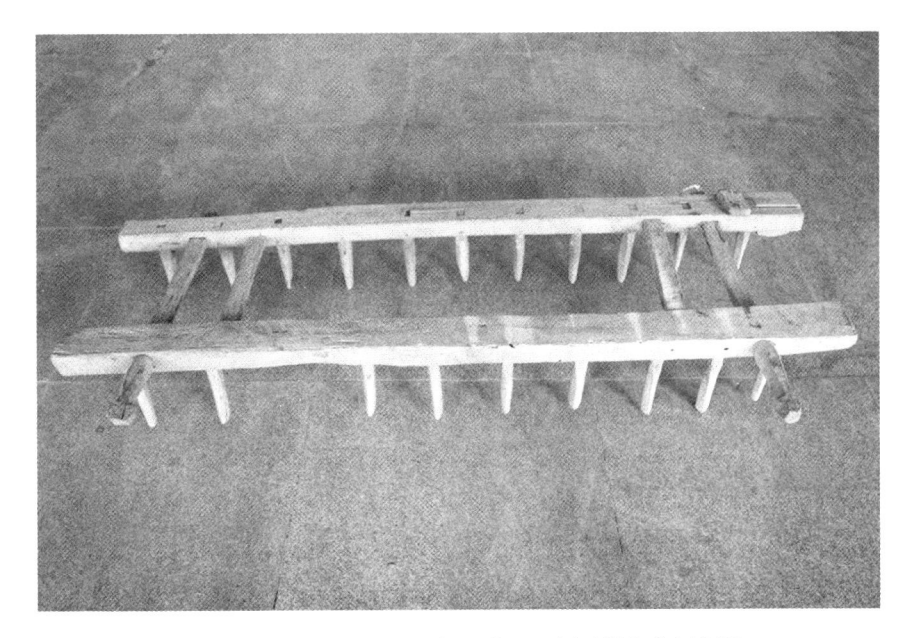

图 4-17　旱地耙　2014 年 8 月 5 日摄于崇左市江州镇

图4-18　滚耙　2017年8月6日摄于扶绥县龙头乡兴龙街

[kuːk⁷]　锄头
是锄地、翻土、垦荒、间苗、挖坑等工具。
[kʰwak⁷]　锹
主要用于开沟、起畦、挖坑、平整土地、铲秧、铲修田塍、铲草皮等。
[tsʰaːn³]　铲
用于铲泥、铲草等。

图4-19　从左到右依次为锹、锄头、铲、锄头

[tsaːi³lɛ²] 谷耙

由木把和耙头组成，耙头有的是平滑的方木块，有的是有齿的木块。用于搂晒场上的稻谷、玉米、花生、黄豆等农作物。

图 4 - 20　平滑的谷耙　2015 年 10 月 3 日摄于大新县大岭村

图 4 - 21　用平滑的谷耙搂晒稻谷　2016 年 7 月 15 日摄于宁明县濑江村

图 4-22　用有齿的谷耙搂晒稻谷　2016 年 7 月 15 日摄于宁明县濑江村

[tsaːi³na¹] 钉耙

由木把和耙头组成，耙头有 3—4 根的铁齿，多用于碎土、耙土、耙堆肥、耙草、平整菜园等。

图 4-23　钉耙　2014 年 2 月 1 日摄于大新县大岭村

[lim²kʰɔ¹] 钩刀

由带弯角的木把和镰刀组成，除了割稻谷，还能割藤条草根。

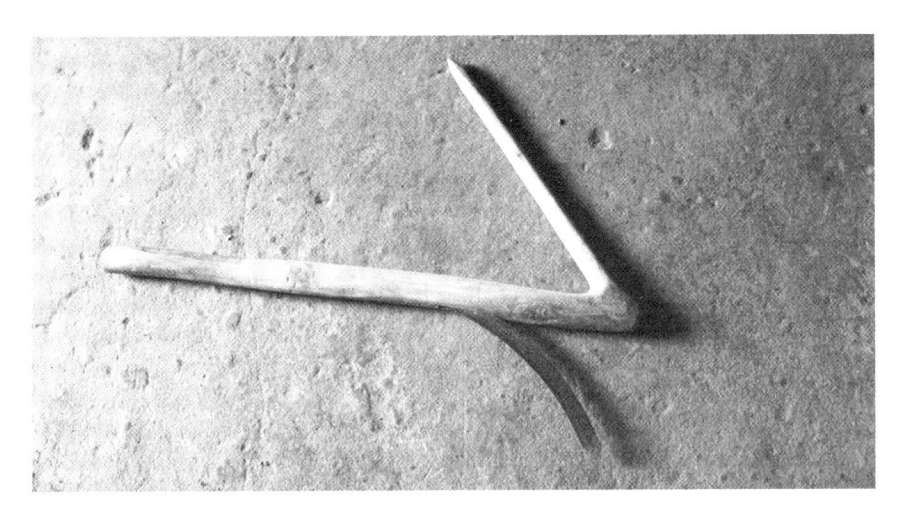

图4-24 钩刀 2015年5月1日摄于崇左市江州镇卜城村

[pja⁴pʰa³lɔːk⁷] 镰刀

有小牙镰和刀刃镰之别，小牙镰长约30厘米，宽约2厘米，用于割稻、草。刀刃镰长约40厘米，宽约4厘米，用于割裂蕨、茅。

图4-25 小牙镰 2017年7月30日摄于扶绥县龙头乡

图 4 - 26　刀刃镰　2015 年 10 月 3 日摄于大新县大岭村

[fu⁴] 斧

图 4 - 27　斧　2016 年 12 月 15 日摄于崇左江州镇

[pja⁴kʰɔ¹] 柴刀

头部有弯头的柴刀称 [pja⁴kʰɔ¹]，多用于上山砍柴。头部是平的柴刀叫 [pja⁴tum³]，多用于砍家里的柴火。

图 4-28　弯头柴刀　2016 年 12 月 15 日摄于崇左江州镇

图 4-29　平头柴刀　2015 年 12 月 10 日摄于凭祥市友谊镇

[tsum³] 牛嘴罩

用竹或藤条编织而成，套在牛嘴上，防止牛偷吃庄稼。

图 4-30　牛嘴罩　2017 年 8 月 5 日摄于龙州县武联村

（二）灌溉工具

[lɔk⁷] 水车

也称 [ʔan¹kɔn²nam⁴]。汲水灌溉农田的主要工具。其功能就是把低处的水提取，运送到高处。

图 4-31　水车　2016 年 2 月 10 日摄于大新县万礼村

[maːi¹kɔn²] 戽斗

是汲水农具，用竹篾或藤条、柳条等编成，侈口尖底。使用戽斗时需两个人相对而立，各用双手拉住绳子，来回一下一下地用戽斗舀水泼水入田。

图4-32 戽斗 2015年4月21日摄于宁明县濑江村

[tʰuŋ³lam²pʰjak⁷] 淋菜桶

即淋水桶。[tʰuŋ³]即"桶"，[lam²]即"淋"，[pʰjak⁷]即"菜"。桶的侧边偏下处插入一个长管，长管的头部配上一个花洒，方便挑水淋菜。

[məŋ¹] 水渠

这种水渠是人工水渠，建于20世纪50—80年代，用于农业灌溉，现在基本废弃。

图 4-33　用淋水桶挑水　2015 年 4 月 21 日摄于宁明县宏密村

图 4-34　水渠　2016 年 2 月 11 日摄于崇左市驮卢镇安宁村

图 4 - 35　水渠　2017 年 2 月 1 日摄于大新县五山乡文应村

(三) 运输工具

[tsʰɛ¹vaːi²] 牛车

[tsʰɛ¹] 即"车"。[tsʰɛ¹vaːi²] 是指水牛车,即水牛拉的车。左江流域一带尤其是扶绥县、崇左江州区等用黄牛拉车也很普遍,黄牛车称[tsʰɛ¹mɔ²]。牛车主要运输农作物、柴火及粪肥。

[kaːn²] 扁担

是挑物的工具,质料分竹、木两种,重担用木,轻担用竹。扁头扁担叫 [kaːn²liu²],即两头扁圆,有钩,防止所挑的箩筐、箕等滑落。尖头扁担称 [kaːn²ɬim³],即两头尖,方便挑稻草、柴火等。

[pit⁸] 箩筐

竹制品,用于运输干粪、谷粒、苞谷等。有长耳、短耳之分。长耳筐(见图 4 - 38)是指筐耳用较长较粗的竹篾做成,多用于平地运输。短耳筐是指筐耳短小,筐的两边各有一只短小的耳朵,既可以直接穿扁担,也可在筐耳系上一根绳子后再挑,短耳筐多用于山路及长途运输。

图 4-36　水牛车　2016 年 2 月 11 日摄于崇左市驮卢镇安宁村

图 4-37　黄牛车　2016 年 2 月 11 日摄于崇左市江州区驮卢镇

肆　生产劳动

图 4 - 38　扁头扁担和长耳筐　2014 年 1 月 21 日摄于龙州县进明村

图 4 - 39　肩扛尖头扁担　2016 年 10 月 21 日摄于崇左市新和镇

图 4-40　用尖头扁担挑稻谷　2016 年 10 月 21 日摄于崇左市新和镇

图 4-41　短耳筐　2017 年 4 月 5 日摄于大新县万礼村

[tʰu¹] **密筐**

编得比较细密，装谷和米用的大筐。当运输时，把密筐放入藤架上，再穿上扁担即可挑起。藤架是用藤条编织而成，称 [kjaːŋ¹]。

[lɔ²] **大眼筐**

竹篾编织而成，筐眼大，用于装秧苗、苞谷、杂物等。

图 4-42　密筐和藤架　2015 年 2 月 27 日摄于龙州县武联村

图 4-43　大眼筐　2015 年 2 月 27 日摄于龙州县民建村

[lau²] 背篓

也可称 [həŋ¹]，分长背篓和短背篓两种，长背篓也以扁竹篾编织而成，剖面呈倒梯形，以双带背于双肩，为山地收豆、打菜等作业的工具。短背篓以扁竹篾编成，以绳将圆口系成半圆形，穿一条绳带，单肩背。多用于山地打菜、撒粪及收割等。

图 4-44　长背篓　2015 年 2 月 23 日摄于大新县板价村

图 4-45　短背篓　2016 年 12 月 16 日摄于崇左市新和镇

[tɔm³] **扁筐**

竹制品，小而扁的筐，有盖子，有两个耳，扁担可以穿过，回娘家或走亲戚装礼物用的。

图 4-46　扁筐　2014 年 1 月 25 日摄于大新县大岭村

[lɔŋ²] **长柄竹提篮**

竹制品，圆形，柄较长，可以提在手上的篮子。

图 4-47　长柄竹提篮　2015 年 2 月 27 日摄于龙州县民建村

[la:m²tɛŋ³] 短柄竹提篮

竹制品，圆形，柄较短，接新娘时装礼物用的，可以提在手上的篮子，也是回娘家用的。

图4-48　短柄竹提篮　2015年10月3日摄于大新县大岭村

[ma:i¹] 粪箕

以竹篾编织而成，用于运输泥土、粪肥等。

图4-49　粪箕　2015年2月15日摄于扶绥县渠黎镇

[həŋ¹] 背鞘

用于劳动时放置柴刀。背鞘有两种，一种是把一块长方形的木头的中间挖空而成，叫 [kʰɔːk⁷]"木鞘"。另一种是用竹编成的小篓，称 [həŋ¹mai⁴pjɛt⁷]"篓鞘"，这种小篓不仅可作刀鞘，还可放一些杂物。

图4-50　木鞘　2016年2月18日摄于宁明县达侒屯

图4-51　篓鞘　2015年4月22日摄于龙州县上金乡

[kaːu¹lə²] 竹筏

是由大竹木编成的，主要用于小河流上的捕鱼、交通运输等。

图4-52　竹筏　2016年2月18日摄于宁明县达佞屯

(四) 捕鱼工具

[tsaːm³pja¹] 鱼罾

由竹条编成的捕鱼工具。上下开口，上窄下宽，捕鱼时手可伸进去捞鱼。

图4-53　鱼罾　2015年4月21日摄于宁明县城

[həŋ¹pja¹] **鱼篓**

一种竹编的装鱼容器。分壶形鱼篓和鞋形鱼篓两种，壶形鱼篓即开口在篓顶的中间，形象如壶；鞋形鱼篓即开口在篓的一侧，形象如鞋子。

图4-54　壶形鱼篓　2015年2月22日摄于大新县板价村

图4-55　鞋形鱼篓　2017年1月30日摄于靖西市旧州镇

[ɬai²] 鱼筌

是一种竹制的捕鱼工具，口大颈细，腹大而长，通常置于出水口，等待误入歧途的鱼儿自投罗网。因为颈口上装有倒刺，鱼只能入而不能出。

图4-56　鱼筌　2016年12月14日摄于崇左市江州镇

[vaːk⁸pja¹] 鱼兜
即鱼网兜。

图4-57　鱼兜　2015年4月21日摄于宁明县城

[pak⁷] 手提鱼网
用来捞小鱼小虾。

图 4 - 58　壮民肩扛手提鱼网　2017 年 8 月 5 日摄于龙州县武联村

[lɛ¹] 鱼网
撒在河中捕鱼的网。

图 4 - 59　鱼网　2011 年 10 月 25 日摄于崇左市江州镇

[lə²kap⁸pja¹]　**鱼船**

[lə²]即"船",[kap⁸pja¹]即"捉鱼",合起来即"捕鱼船"之意。

图 4-60　捕鱼船　2016 年 2 月 20 日摄于宁明县达侬屯

(五) 加工工具

[tʰuk⁷]　**织布机**

用木制成的织布工具。织布机由多个部件构成,其中绕纱架称[laːk⁷pʰaːi³];织布核叫[fi²];织布针称[kʰim¹tam⁶tʰuk⁷];纱管叫[lɔt⁷];梭子叫[tʰau⁶];织布机上的纬线称[pʰaːi³tai⁶];织布机上的经线称[pʰaːi³pʰun²];线团称[mai¹pʰaːi³]。

[ɬa³]　**纺车**

以竹或木制成的纺纱工具。

[laːŋ²tɔk⁷ju²]　**榨油机**

左江流域一带壮族传统榨油的主要工具,是用来榨花生油和桐油等。它是用长 2—3 米,直径 60—70 厘米的坚硬木头,凿成中间成凹槽。榨油时,把事先备好的由油原料粉碎做成的麸饼放入槽中,然后用大木锤敲打木钉,使之越压越紧,挤麸出油。新中国成立后,虽逐步有了机榨,但农村仍采用土法榨油。一些花生主要产区如大新的榄、振兴、龙门等乡一些村屯,农民土榨花生油还较普遍。榨桐油已很少，只有大新县土湖乡个别村屯有。

图 4-61　织布机　2015 年 3 月 1 日摄于龙州县民建村

图 4-62　纺车　2015 年 3 月 1 日摄于龙州县民建村

图 4-63　榨油机　2017 年 1 月 30 日摄于靖西市旧州镇

[kaːu² ʔɔi³]　榨糖机

图 4-64　榨糖机　2017 年 1 月 30 日摄于靖西市旧州镇

[kaːu²] 即"榨",[ʔɔi³] 即"甘蔗"。它是土法榨糖用的工具。土法榨糖是一项传统的手工加工业,历史上左江流域一带凡是种甘蔗的地方都用土法榨制。一般用坚硬的槭木或龙眼木做成,两个绞轮上各用螺旋式的涡轮,以便旋转,用畜力拉长杆使两个轮反方向旋转,把甘蔗汁压榨出来。木制的榨糖机已经基本消失,代之以现代电力机器。

[paːu⁶] 风谷车

是风谷和簸米用的工具,通过风力除碎屑之物和簸出秕谷等。现在这种工具已基本废弃。

图 4-65　风谷车　2016 年 2 月 16 日摄于天等县种典村

[kja⁵fan³nɔn¹]　榨粉架

即榨粉机。[kja⁵] 即"架",[fan³nɔn¹] 即"榨粉"。壮族传统生榨米粉的木制工具。

图 4-66　榨粉架　2015 年 3 月 1 日摄于龙州县民建村

[tɛm⁶]　晒席

用竹编织而成,用于晒谷物。

图4-67 晒场上的晒席 2016年2月11日摄于崇左市江州区安定村

图4-68 晒席不用时,卷起来放在家中的顶架上 2015年3月1日摄于龙州县民建村

图4-69　石磨　2015年10月3日摄于大新县大岭村

[mu⁶] 磨

磨分石磨和竹磨。石磨就是用石头为材料做成的磨，称 [mu⁶tʰin¹]。其主要用于磨粉、磨浆等。竹磨是外表用竹木编成，中心用白蚁巢新泥夯实填成，称 [mu⁶mai⁴tʰaːm¹]。其功能主要是磨稻谷，即谷料脱壳，所加工的大米颗粒较完整。磨由多个部件组成，其中磨盘称 [pən²mu⁶]；磨齿称 [kʰɛu³mu⁶]；磨心叫 [ɬim¹mu⁶]；磨柄称为 [kʰɛn¹mu⁶]。现在多用机磨，石磨和竹磨正逐步被废弃。

[ʔan¹tsʰaːn³kʰau³] 谷铲

[ʔan¹] 即"个"，[tsʰaːn³] 即"铲"，[kʰau³] 即"谷"。它是木制品，由几块薄木片钉成一个三角形的木铲。农家把晒好的谷物收拢成堆后，往往会用谷铲把谷物舀到筐里。

[kja⁵] 架

有木架和铁架之分，木架称 [kja⁵mai⁴]；铁架称 [kja⁵lit⁷]。用于架甘蔗、木柴等，把甘蔗或木柴横放在支架上，方便捆绑。

图 4-70　竹磨　2017 年 1 月 30 日摄于靖西市旧州镇

图 4-71　谷铲　2014 年 2 月 5 日摄于大新县新湖村

图 4-72　木架　2015 年 3 月 1 日摄于龙州县民建村

图 4-73　铁架　2016 年 12 月 5 日摄于崇左市江州镇

[lɔk⁷] 臼

由石头或木头凿成，石头凿成的称 [lɔk⁷tʰin¹]"石臼"，木头凿成的称 [lɔk⁷mai⁴]"木臼"。用于舂米、糙、花生等。臼窝称 [hum³]，其上宽下窄呈漏斗形。现在多数农家用石臼，木臼基本上被废弃了。

[ɬaːk⁷] 木杵

木制品。一般两头粗大，中间偏小，也有的是不分头，直接是一根粗细均匀的木棍。

图 4-74　石臼和木杵　2015 年 4 月 22 日摄于龙州县上金乡

图 4-75　木臼　2017 年 1 月 30 日摄于靖西市旧州镇

[laːŋ²] 槽

主要用于舂糍粑。有石槽和木槽之分，石槽称 [laːŋ²tʰin¹]，木槽称 [laːŋ²mai⁴]。把蒸熟的糯米放入槽中，用木杵舂溶，然后把舂溶的糯米捏成一个个糍粑。

图 4-76　石槽　2014 年 1 月 27 日摄于大新县大岭村

图 4-77　木槽　2015 年 3 月 1 日摄于龙州县双蒙村

[laŋ¹] 筲箕

竹制品。洗菜、盛物用。

图 4-78　筲箕　2015 年 4 月 23 日摄于扶绥县东门镇

[nuŋ³] 平面簸箕

竹制品。一个圆形平面竹垫，周围有 1—2 厘米的边沿。用于簸米，使米糠和米分离。

图 4-79　用平面簸箕簸米　2017 年 9 月 13 日摄于龙州县双蒙村

[pʰa¹] 凹形簸箕

竹制品。底部是半圆形，有 10 多厘米深。用于簸米或装米。

图 4 - 80　最上者为凹形簸箕　2015 年 10 月 3 日摄于大新县大岭村

[la²] 箩筛

竹制品。用于筛豆类、花生等，还可用于洗菜、盛物。

图 4 - 81　箩筛　2017 年 8 月 5 日摄于龙州县武联村

[tsʰəŋ¹haːŋ⁵] **大孔筛**
竹制品。用于筛稻谷。

图 4-82　大孔筛　2017 年 8 月 5 日摄于龙州县武联村

[tsʰəŋ¹tʰi⁵] **小孔筛**
竹制品。用于筛玉米粉和精米。

图 4-83　小孔筛　2015 年 10 月 3 日摄于大新县大岭村

[pʰɛ¹] 竹垫

用竹条编织而成，用于垫晒粮食、围鸡鸭甚至可铺在床上做床垫。

图4-84　竹垫　2017年9月8日摄于龙州县武联村

(六) 木工用具

左江流域一带壮族木匠甚众，修造的器具种类繁多，主要有水车、犁、桌椅、柜子、床、箱子、梯子等。20世纪80年代以前，个体木匠大多是在家里修造家具、农具。后来随着手工业操作发展到用电动机带动操作，木工的一些用具逐渐被废弃。

[kə⁵] 锯子

用于锯木头。分大锯和小锯，大锯用于锯大木头，小锯用于锯小木头。

[pʰaːu⁶] 刨子

用于把木料刨平。分短刨和长刨两种。

[tsʰai²] 锤子

[ɬiu⁵tsʰaːk⁸] 凿子

[ɬəŋ¹] 工具箱

用于装木工工具的小木箱。

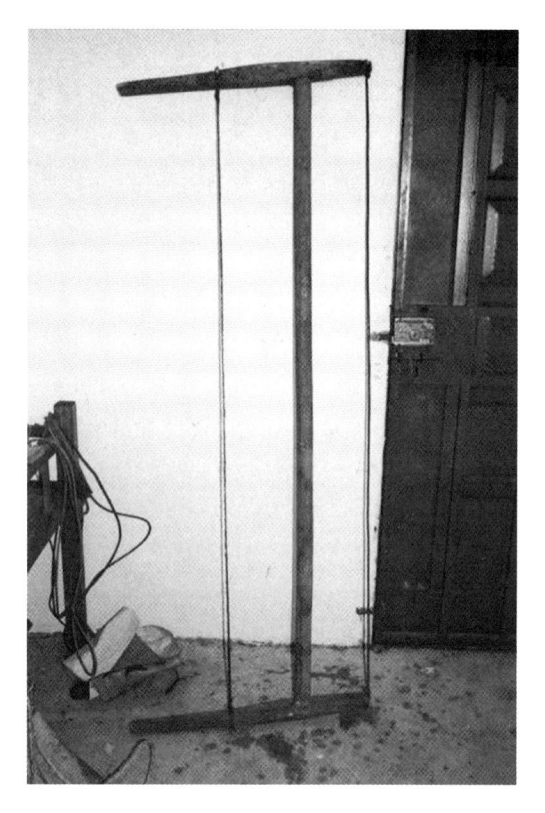

图 4-85　大锯　2014 年 2 月 5 日摄于大新县新湖村

图 4-86　小锯　2015 年 7 月 15 日摄于凭祥市友谊村

图 4-87　短刨　2016 年 2 月 11 日摄于崇左市安宁村

图 4-88　长刨　2016 年 2 月 11 日摄于崇左市安宁村

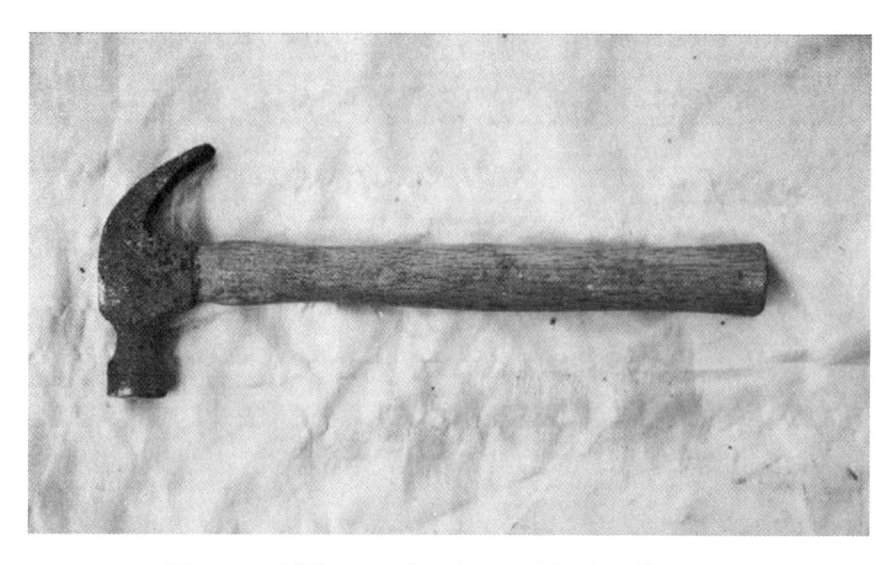

图 4-89　锤子　2015 年 2 月 27 日摄于龙州县民建村

图 4-90　凿子　2016 年 2 月 11 日摄于崇左市安宁村

图4-91 工具箱 2015年2月27日摄于龙州县民建村

三 种植加工

[ʔɔi³] 甘蔗

左江流域一带气候温暖湿润，盛产甘蔗，甘蔗是制作白糖、红糖的主要原料。如今甘蔗已成为左江流域一带的支柱产业。左江流域盛产甘蔗，甘蔗分有两种：即［ʔɔi³kɛn⁵］"竹蔗"和［ʔɔi³ʔɔn⁵］"肉蔗"。［kɛn⁵］即"硬"，［ʔɔn⁵］即"软"。"竹蔗""肉蔗"又分两种，即［ʔɔi³ʔɔn⁵nam¹］"黑肉蔗"和［ʔɔi³ʔɔn⁵pʰəːk⁷］"白肉蔗"。竹蔗甜度较高，但皮肉较硬，一般卖给糖厂或自家榨糖；肉蔗甜度相对低，但皮肉没有竹蔗那么硬，适合人们直接嚼食，因此集市上摆卖的多为肉蔗。

[lai⁶ʔɔi³] 蔗田

甘蔗一般种植于旱地，不能种于水田，因此蔗田称［lai⁶ʔɔi³］。

[fan²ʔɔi³] 蔗种

甘蔗的每节都可留作蔗种，但甘蔗头部1—6节一般糖分不够，因此往往被留作蔗种。

图 4-92　竹蔗　2014 年 11 月 10 日摄于崇左市江州镇那么村

图 4-93　黑蔗　2017 年 9 月 14 日摄于大新县宝圩乡

图 4 - 94　蔗田　2018 年 6 月 6 日摄于龙州县上金乡

图 4 - 95　蔗种　2016 年 2 月 19 日摄于宁明县达佞屯

[pop⁷ʔɔi³]　泡蔗种
即蔗种泡水或放在潮湿的地方，以免干枯。

图4-96　泡蔗种　2014年11月30日摄于崇左市江州镇那么村

[maːk⁷fan²ʔɔi³]　砍蔗种

也称[ləːk⁸fan²ʔɔi³]"选蔗种"。甘蔗每一节都有芽眼，称[tʰa¹ʔɔi³]，芽眼多的蔗种产量高一些，所以蔗农一般会挑选蔗节短的甘蔗作蔗种。

图4-97　砍蔗种　2017年4月15日摄于大新县万礼村

[tʰə¹lai⁶ʔɔi³] 犁蔗田

图4-98 犁蔗田 2016年2月11日摄于崇左市驮柏村

[tsai¹ʔɔi³] 种甘蔗

把甘蔗种放入犁好的田地，称 [luŋ²fan²ʔɔi³] "下蔗种"，然后用土埋上，称 [tsai¹ʔɔi³] "种甘蔗"。

图4-99 下蔗种 2016年2月11日摄于崇左市岜白村

[ɬau¹ʔɔi³] 收甘蔗

甘蔗成熟后要收割，称［ɬau¹ʔɔi³］"收甘蔗"，收甘蔗时首先要砍甘蔗，即用柴刀把接近地面的甘蔗砍断，叫［maːk⁷ʔɔi³］"砍蔗"；接着修甘蔗，即用刀把甘蔗的叶子及根处削掉，称［lau¹ʔɔi³］"削蔗"；再把甘蔗一捆一捆绑起来，以便搬运，称［haːt⁸ʔɔi³］"绑蔗"。

[pun¹ʔɔi³] 搬蔗

搬蔗除了人力，牛车也发挥很大作用。

[tsau³ʔɔi³] 堆蔗

即把修整好的甘蔗堆积在一起。

[tsʰəŋ⁶ʔɔi³] 称蔗

[maːk⁷ŋaːn²] 龙眼

每年八月左右龙眼成熟，龙眼含有丰富的果糖、葡萄糖等，除鲜食外，还可烘焙干龙眼，称［maːk⁷ŋaːn²haːu³］，自古以来被视为滋补珍品。

图4-100 收甘蔗（见彩图19） 2016年2月11日摄于崇左市驮柏村

图4-101　牛车运甘蔗　2015年2月15日摄于扶绥县岜桑村

图4-102　堆蔗　2016年2月19日摄于宁明县达佞屯

图4-103　称蔗　2016年12月15日摄于崇左市驮柏村

图4-104　龙眼（见彩图20）　2014年7月20日摄于大新县大岭村

[pɛt⁷kɔːk⁷] 八角

八角是调味香料，左江流域是八角栽培最早的地区，已有500多年的历史。八角除了作调味香料外，其果实和枝叶还可以提炼为贵的茴香油，早在一百多年以前，天等县的茴香油已畅销英、美、德、日等国家，在国际市场上享有声誉。如今左江流域一带的各县市也利用八角树叶提炼茴香油，在国内外贸易市场上占有很重要的位置，产品供不应求。

图4-105　晒八角　2016年2月16日摄于天等县种典村

[man²min²] 木薯

[luk⁸fan²man²min²] 木薯种

木薯杆可作木薯种，因此木薯种又称 [mai⁴min²] "木薯杆"。

[maːk⁷mɛt⁷] 黄皮果

黄皮果营养丰富，芳香可口，是人们喜爱的夏令水果，每年的6—7月果实成熟，除鲜食外，还可加工成果冻、果酱、蜜饯及清凉饮料，其根、汁、叶、果、果皮和种子等均可入药，有消食健胃、理气健脾等功效，有 [jaːk⁷kin¹pɔ¹lɔ², ʔim⁵kin¹maːk⁷mɛt⁷] "饥食菠萝，饱食黄皮" 之谚语。

图 4-106　木薯　2016 年 2 月 16 日摄于崇左市江州区安宁村

图 4-107　木薯种　2016 年 2 月 16 日摄于崇左市江州区安宁村

[maːk⁷mi⁵] 山黄皮

因其果实的外皮像鸡的皮肤，故又名 [maːk⁷naŋ¹kai⁵]"鸡皮果"。果实富含多种氨基酸和人体所需的微量元素。每年的6—7月果实成熟，除鲜食外，还可加工成果酱、果脯、果汁等产品，是珍贵的佐餐、烹调上品。其树皮、枝、根、叶、果、核等均可入药，有祛痰化气、疏肠消滞等功效。种子可榨油，叶可提取芳香油及脂肪油。木材质地较好，有香气，可避虫，是制作家具的理想材料。

[tsuk⁷kɛu¹] 辣椒

左江流域一带盛产指天椒，天等、大新、龙州等县制作的辣椒酱酸辣可口，在当地享有盛名。

[maːk⁷naːm¹] 菠萝

即木菠萝。又称 [pɔ¹lɔ²]，[maːk⁷] 即"果"，[naːm¹] 即"刺"。菠萝是一种一年种百年收的"铁木庄稼"。其树主杆粗大，枝叶繁茂，种植10年才结果，一般春季开花，到七八月份菠萝成熟。熟果香气四溢，有 [ʔan¹maːn³maːk⁷ɬuk⁸mi⁵sai³kʰam⁵, ʔuŋ¹kən²pʰjaː i³kwa⁵tɔ⁶han¹hɔm¹]

图4-108　黄皮果　2014年7月19日摄于大新县大岭村

图 4-109　山黄皮　2017 年 7 月 16 日摄于大新县大岭村

图 4-110　指天椒（见彩图 22）　2017 年 8 月 5 日摄于龙州县武联村

图4-111　指天椒　2017年9月8日摄于龙州县武联村

图4-112　菠萝（见彩图21）　2017年8月5日摄于龙州县武联村

"村上果熟不需问,路过行人早闻香"之说。其果呈圆形或椭圆形,果最大的可重达20多公斤,果内肉苞齐列,有苞囊丝间隔,肉苞大者似鸡蛋,一般为鲜食,肉厚,香甜嫩滑。内有核,煮熟后去皮吃,芳香可口,肉苞晒干浸酒,有滋阴补血之功效,囊丝可加工成酸甜佳肴,肉苞和囊丝均可制成糖水罐头。

[kim^5ma^2] 剑麻

图4-113 剑麻 2017年9月14日摄于龙州县双蒙村

[$ts^ha^2k^hum^1$] 苦丁茶

左江流域温暖湿润,降雨丰富,光照充足,土层深厚、肥沃,特别适宜茶树的生长。这一带尤以大新苦丁茶出名,旧称"万承苦丁茶",是广西的传统名茶之一,相传明代即为朝廷贡品。21世纪初,左江流域一带的大新、天等、龙州县开始有规模地栽培苦丁茶,已形成产业,产品畅销海内外。

图4-114 苦丁树 2017年7月18日摄于大新县大岭村

四　家庭养殖

左江流域壮族农家饲养业历史悠久，最早驯养的家畜主要有猪、牛、狗、猫，后来增加饲养羊、马、鸡、鸭、鹅等家禽。一般养牛以耕，养狗看屋、打猎，养猪积钱，养鸡鸭多为过节或招待宾客。壮族村庄一般都有池塘，主要是为了蓄水灌田、淋菜、洗衣，后来才放入鱼苗饲养。

[vaːi²]　水牛

左江流域一带的牛主要有两种，一种是[vaːi²]"水牛"，另一种是[mɔ²]"黄牛"。

一般的公水牛称[vaːi²tak⁸]；阉过的公水牛称[vaːi²tɔn¹]；配种的公水牛称[vaːi²ɬəŋ¹]；已生过崽的母水牛称[vaːi²mɛ⁶]；未生过崽的母水牛称[vaːi²ɬə⁵]；无生殖能力的母水牛称[vaːi²man¹]。

图4-115　水牛　2016年2月11日摄于崇左市江州区驮卢镇

一般的公黄牛称[mɔ²tak⁸]；阉过的公黄牛称[mɔ²tɔn¹]；配种的公黄牛称[mɔ²ɬəŋ¹]；已生过崽的母黄牛称[mɔ²mɛ⁶]；未生过崽的母黄牛

称[mɔ²ɬə⁵];无生殖能力的母黄牛称[mɔ²man¹]。

[mɔ²] 黄牛

图 4-116 黄牛 2015 年 2 月 15 日摄于扶绥县大陵村

[mu¹] 猪

一般的公猪称[mu¹pɔ⁶]或[mu¹tak⁸];阉过的公猪称[mu¹mət⁷];配种的公猪称[mu¹təŋ¹];已生崽的母猪称[mu¹mɛ⁶];未生崽的母猪称[mu¹ɬə⁵];猪崽称[mu¹luk⁸]。过去壮族有给猪崽作满月的习俗,即当家中的猪崽满月时,主人请亲友们吃满月酒或吃糍粑,意在祝愿小猪健康成长。现在这种习俗已基本消失。壮家一般不饲养公猪,只有鳏夫才以饲养公猪为业,俗称[laːu⁴pʰaːŋ³mu¹]"牵猪佬"。

[ma¹] 狗

公狗称[ma¹tak⁸];已生崽的母狗称[ma¹mɛ⁶];未生崽的母狗称[ma¹ɬə⁵];疯狗称[ma¹ma³];猎狗称[ma¹hin¹]。

[mau³] 猫

也叫[mjɛu¹]。公猫称[mau³tak⁸];已生崽的母猫称[mau³mɛ⁶];未生崽的母猫称[mau³ɬə⁵];疯猫称[mau³ma³];野猫称[mau³hin¹]。

图 4-117 猪 2016 年 2 月 19 日摄于宁明县宏密村

图 4-118 狗 2015 年 4 月 22 日摄于龙州县勤江村

图 4-119　猫　2015 年 10 月 2 日摄于大新县大岭村

[ma⁴] 马

左江流域一带的马比较矮小，多用于拉车或驮物。一般公马称 [ma⁴tak⁸]；配种的公马称 [ma⁴ɬəŋ¹]；已生崽的母马称 [ma⁴mɛ⁶]；未生崽的母马称 [ma⁴ɬə⁵]。

图 4-120　马　2018 年 1 月 28 日摄于龙州县横罗村

[kai⁵] 鸡

一般的公鸡称 [kai⁵po⁶]；阉过的公鸡称 [kai⁵tɔn¹]；未阉净的公鸡称 [kai⁵maːn⁶]；刚会啼的小公鸡称 [kai⁵ɬɜŋ¹]；生过蛋的母鸡称

[kai⁵mɛ⁶]；未生过蛋的母鸡称［kai⁵kʰaːŋ⁵］；鸡崽称［kai⁵luk⁸］。

图4-121　鸡　2016年12月14日摄于崇左市江州区安定村

图4-122　母鸡带崽　2016年12月14日摄于崇左市江州区安定村

[pɛt⁷] 鸭子

公鸭称[pɛt⁷pɔ⁶]；已生过蛋的母鸭称[pɛt⁷mɛ⁶]；未生过蛋的母鸭称[pɛt⁷kʰaːŋ⁵]；西洋鸭称[pɛt⁷ɬaiˈjaːŋ²]。

图4-123　鸭　2015年2月22日摄于大新县板价村

图4-124　西洋鸭　2017年2月2日摄于扶绥县小旧村

[pən⁶] 鹅

公鹅称 [pən⁶pɔ⁶]；已生蛋的母鹅称 [pən⁶mɛ⁶]；未生蛋的母鹅称 [pən⁶kʰaːŋ⁵]。

图 4-125　鹅　2017 年 2 月 2 日摄于扶绥县小旧村

[pja¹] 鱼

图 4-126　鱼　2017 年 1 月 31 日摄于靖西市化峒镇

五 手工艺

[tam¹pʰaːi³] 织布

[ɬan¹sa¹] 纺纱

布称 [pʰaːi³]；自织的土布称 [pʰaːi³lən²] "家布"；外来的布统称 [pʰaːi³kʰɛk⁷] "客布"。

图 4-127 织布（见彩图 23） 2015 年 11 月 1 日摄于龙州县贵平村

20 世纪 50 年代以前，左江流域一带壮族几乎家家户户都有纺纱车、织布机等纺织工具，妇女人人都会纺纱织布。不会上机织布的妇女，被视为不贤惠的懒贱婆娘，称 [mɛ⁶laːn⁴] "懒婆"。如今只有少数居住在边远山区的壮民仍保留自纺自织的习俗。

左江流域一带织布曾有这样的禁忌习俗，理纱上机时，要净手梳发，禁讲与紊乱断裂有关的言语，如鸡爪、猴手等，否则纱会理不顺，且断线，不能上机织布。

图 4-128　纺线　2015 年 2 月 22 日摄于大新县板价村

[huk⁷laːi²]　壮锦

也叫［maːn⁵］和［pʰaːi³lən²laːi²］"土锦"。以图案别致、色泽艳丽、质牢耐用而闻名于世。明清时壮锦生产遍及整个左江流域，还被列为朝廷贡品。壮锦多用作被面和襁褓。壮族送嫁妆、探望小孩，甚至情人交换信物，都把它当作必备的、象征美好祝愿的至礼。

[jɔm¹]　染织

20 世纪 50 年代前，农民大部分穿自织自染的土布衣服，农村中几乎家家都有染布的习惯。染布的原料主要是［kɔm³］"蓝靛"，可染成蓝和黑两种颜色。把蓝靛浸泡到［kaːŋ¹nam⁴kɔm³］"染缸"至其烂熟，捞出蓝靛叶杆，放入石灰和火灰水等料，加盖封好两三天即可染布。现在年轻人都不太穿这种土布，但一般老年妇女还爱穿用这种土布缝制的衣服。

图 4-129　壮锦（见彩图 24）　　2017 年 2 月 7 日摄于龙州县双蒙村

[tɔm¹]　**绣球**

有的地方如龙州壮语称其为 [kʰɔn²]。绣球是壮族传统工艺美术品，用绸缎加丝线绣成的球形织品。起源于宋代，当时是一个绣花布囊，内装豆粟之类，男女互相抛接，娱乐健身，名飞砣，后逐渐演变为壮族男女青年表达爱情的方式。明、清时代被列为贡品。现代绣球多姿多彩，圆形绣球一般大者如拳，小者如蛋，多以红、黄、绿三色为底，有 12 瓣，每瓣皆绣如平、安、福等吉祥字或梅、兰、竹、菊、春燕、飞鸟、舞凤等吉祥物。上端系一条约 1 尺长的彩带，以便投掷。壮人视绣球为幸福之象征，婚嫁、生育时互相赠送。现在已被视为吉祥、幸福和友谊之物，深受人们喜爱，畅销全国各地及海外一些国家。

[mɛ⁶ɬiu⁵tɔm¹]　**绣娘**

过去壮家女子从少女时代就在长辈的指点下学刺绣，到出嫁年龄，已成善绣的闺女了。绣球只是她们绣品中的一种。

图 4 - 130　绣球（见彩图 25）　2017 年 1 月 30 日摄于靖西市旧州街

图 4 - 131　绣娘们在自家门口边绣边卖　2017 年 1 月 30 日摄于靖西市旧州镇

[tsiŋ¹lau³] 蒸酒

即酿酒。左江流域壮族民间酿酒多以大米、玉米、红薯、甘蔗、南瓜等为原料，酿出的酒，风味各异。左江流域一带如宁明、大新等县仍保留这种土法蒸酒的习惯。

[naŋ¹lau³] 烧酒

即开火蒸酒，因此"酒"直接被称为 [lau³naŋ¹] "烧酒"，"喝酒"称为 [kin¹lau³naŋ¹] "喝烧酒"。

[ʔɔːk⁷lau³] 出酒

[hɛt⁷tʰəŋ¹] 制糖

左江流域壮族民间现在还有些地方保留土法制糖工艺，民间制作的糖主要是 [tʰəŋ¹tsʰɛt⁸] "红糖"。据说，这种土法榨糖已经有上千年历史，目前采用这种工艺的已经越来越少。20世纪80年代以后，左江流域一带的糖厂逐步建立，农家的甘蔗基本上都运送到糖厂制糖，只有交通不便的一些地方如宁明县的达伎、赖江等村屯还保留这一传统工艺。

图 4-132　蒸酒　2016年2月18日摄于宁明县达伎屯

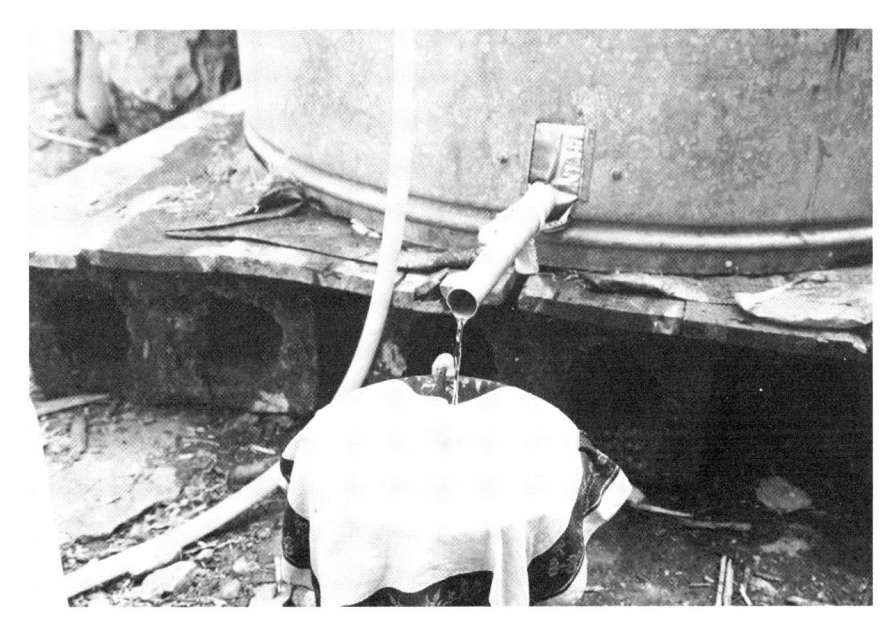

图 4 – 133　出酒　2016 年 2 月 18 日摄于宁明县达佤屯

[lin²hɛk⁷] 连环锅

做糖量大的，一般要三个锅，第一个锅装新榨的蔗汁，烧开后去除杂质，再转移到第二个锅，第二个锅的甘蔗汁烧到一定浓度后转移到第三个锅。

图 4 – 134　连环锅和直通灶　2016 年 2 月 18 日摄于宁明县达佤屯

[tʰuŋ¹tsaːu⁵] 通灶

是由砖头砌成，可以让三个锅同时受热的火灶。火力是越往后越弱。

图 4-135　煮蔗汁　2016 年 2 月 18 日摄于宁明县达俊屯

[tsʰui⁵ʔɔi³] 蔗渣堆

即把榨出来的蔗渣堆起来。可用于煮蔗汁时的烧火材料。

图 4-136　蔗渣堆　2016 年 2 月 18 日摄于宁明县达俊屯

[pop⁸ʔɔi³] 蔗泡

即甘蔗的糖泡。蔗泡还大有用处，经过发酵、酿制后，可成为醇香的

肆　生产劳动

糖泡酒。

图 4-137　蔗泡　2016 年 2 月 18 日摄于宁明县达侬屯

[tsaːm³hɛk⁷] 锅罩

即用笼罩罩在锅里，以免糖泡溢出锅外。"笼罩"称为 [tsaːm³]。

图 4-138　锅罩　2016 年 2 月 18 日摄于宁明县达侬屯

[kɛu³tʰəŋ¹] 搅糖

即熬煮过程中要经常搅拌，以防粘锅。

图 4 - 139　搅糖　2016 年 2 月 18 日摄于宁明县达伎屯

[pʰu¹ɬaːi²] 铺沙

铺糖浆前，先在一张方台上铺一层 2—3 厘米厚的沙子，用于吸热及水分。

图 4 - 140　铺沙　2016 年 2 月 18 日摄于宁明县达伎屯

[na¹fuk⁷] **铺席**

即在铺好的沙子上铺一张竹席，再用方木条围边。用竹席垫糖浆，糖浆不会下渗，同时方便匀糖、切糖。

图4-141　铺席　2016年2月18日摄于宁明县达侬屯

[pʰu¹nam⁴tʰəŋ¹] **铺糖**

即把煮好的糖浆舀到铺好的席子上。[pʰu¹]即"铺"，[nam⁴tʰəŋ¹]即"糖浆、糖水"。在其冷却之前，用[naːm³]"木勺"不断搅拌，让糖浆均匀，称[van²tʰəŋ¹]"匀糖"。最后待糖浆冷却变硬后，即可切成一块块红糖片。

[tʰəŋ¹tsʰɛt⁸] **红糖**

铺好的糖浆冷却硬化后，即可用刀切成一片片方块，方便存放及运输。红糖因颜色偏黄，有的地方也称[tʰəŋ¹hɛn³]"黄糖"。

[ɬan¹] **竹编**

左江流域壮族竹编种类很多，主要有箩筐、簸箕、撮箕、米筛、鸡笼、菜筐、雨帽、竹席等农家生活用品。在一些竹林较多的村庄，农民常常利用农闲时编织各类生产生活用具。

图 4-142　铺糖　2016 年 2 月 18 日摄于宁明县达伄屯

图 4-143　匀糖　2016 年 2 月 18 日摄于宁明县达伄屯

图 4 - 144　匀好后待冷却的糖浆　2016 年 2 月 18 日摄于宁明县达侵屯

图 4 - 145　红糖片　2016 年 2 月 18 日摄于宁明县达侵屯

图 4-146　织筐　2017 年 4 月 15 日摄于大新县万礼村

[laːu⁴fi¹faːt⁷] **理发佬**

即理发的师傅。"理发佬"平时都是农民，空闲时在村边小巷临时给人理发，挣点费用。

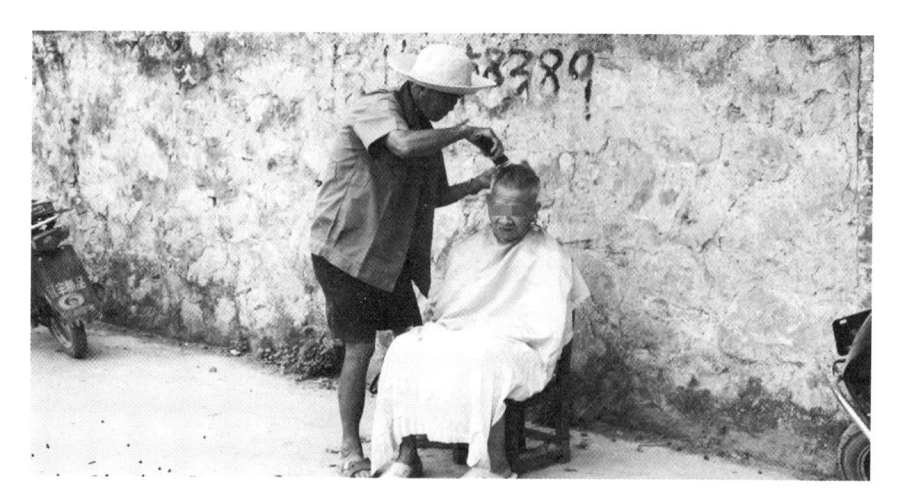

图 4-147　理发佬　2015 年 4 月 28 日摄于扶绥县新安村

[laːu⁴tsʰɛu³pʰjak⁷] **炒菜佬**

即"厨师"，所做的厨事主要是炒菜而得名。"厨师"平时都是农民，婚丧节庆日临时聘去给人家掌勺做饭。

图 4-148　炒菜佬　2015 年 11 月 1 日摄于靖西市旧州镇

[laːu⁴tək⁷lit⁷] **打铁佬**
即打铁匠。打造的铁器多为农家用的柴刀、锄头等。铁匠有固定的摊位。

图 4-149　打铁佬　2016 年 10 月 22 日摄于天等县向都镇

[laːu⁴tək⁷ŋən²] **打银佬**
即银匠。银匠平时是农民，空闲时在街上临时给人做银器，赚取手工费。

图 4-150　打银佬　2016 年 10 月 23 日摄于大新县硕龙镇

[laːu⁴pʰuŋ¹haːi²]　补鞋佬
即补鞋匠。补鞋匠平时是农民，只是到圩日时临时摆摊补鞋，赚取手工费。

图 4-151　补鞋佬　2017 年 4 月 16 日摄于天等县把荷乡

肆 生产劳动

[mε⁶hɛt⁷vi²] 做扇娘

也有男子做扇子的，称为 [laːu⁴hɛt⁷vi²]。他们平时是农民，空闲时利用当地植物优势，如 [mai¹kwai²] "蒲葵"、[tap⁷na¹] "竹壳" 等进行简单加工制作成扇子，赚取手工费。

图 4-152　做扇娘　2016 年 4 月 26 日摄于崇左市江州镇

[laːu⁴kʰa³mu¹] 杀猪佬

即杀猪匠。杀猪佬平时是农民，婚丧节庆日临时帮人杀猪做菜。

图 4-153　杀猪佬　2017 年 1 月 31 日摄于靖西市区

[laːu⁴jim¹kai⁵] 阉鸡佬

阉鸡是一种古老的行当，左江流域一带也有从事这一行当的人，被人称为阉鸡佬。阉鸡就是把小公鸡的睾丸割掉，目的是让公鸡长得更快一些，肉质更嫩一些。阉鸡，是阉鸡佬耕田种地之外的一门手艺，阉鸡佬空闲时到圩上摆摊赚取手工费。

图 4-154　阉鸡佬　2017 年 9 月 13 日摄于龙州县金龙镇

六　其他农事

[mik⁷kʰau³ȥi⁶] 剥玉米
即用手剥玉米棒。

[tsau³faːŋ²] 禾草垛

农家收割完稻谷后，把稻草堆积在一起形成垛。可用于喂牛、做肥、盖顶等。左江流域一带的禾草垛，有的直接在田地里堆积，不用架子；有的用竹木或石头作为架子，然后再在架子上堆积，防止潮湿霉烂。

图4-155　剥玉米　2016年7月15日摄于宁明县濑江村

图4-156　堆放村边的禾草垛　2017年8月5日摄于龙州县武联村

图 4-157　堆在田里的禾草垛　2016 年 2 月 16 日摄于天等县种典村

图 4-158　堆在架上的禾草垛　2015 年 5 月 11 日摄于崇左市渠座村

[tsʰui⁵fən²] 柴垛
即把木柴堆积起来，一般堆在屋外边。

图 4 - 159　柴垛　2015 年 5 月 1 日摄于崇左江州区卜城村

图 4 - 160　柴垛　2016 年 3 月 9 日摄于龙州县三联村

[laːn²pʰjak⁷] 菜罩

用于围拢刚种下的菜种、菜苗，以防家禽啄食。

图 4-161　菜罩　2015 年 3 月 1 日摄于大新县板价村

[hɛn¹vaːi²] 放牛

即把牛放到野外吃草，并由人看管。[hɛn¹vaːi²] 实际为"放水牛"，壮语的牛分 [vaːi²] "水牛" 和 [mɔ²] "黄牛"，因此，"放黄牛" 称为 [hɛn¹mɔ²]。

图 4-162　放牛　2014 年 2 月 5 日摄于大新县新湖村

[kan³pɛt⁷] 赶鸭

即白天把鸭放到野外的小河去捕食，傍晚又把鸭子赶回家里。

图 4 - 163　赶鸭　2015 年 5 月 16 日摄于龙州县勤江村

[hɛn¹nɔk⁸] 赶鸟

农民在自家田地或菜园插几根小木棍，小木棍上挂有旧衣或废弃的塑料袋等，起到赶鸟的作用。

图 4 - 164　用塑料袋做的赶鸟　2015 年 2 月 21 日摄于大新县板价村

图4-165　用旧衣做的赶鸟　2015年5月1日摄于崇左江州区卜城村

[pʰjaːk⁷kʰau³]　晒粮食

农家晒场一般是自家门口的平地，多用于晒谷、玉米、豆类等粮食。量少的一般用簸箕、竹垫放在地上或瓦顶上晒，也有的把粮食捆成小扎，挂在屋檐下晾晒。

图4-166　平地晒场　2015年10月3日摄于大新县大岭村

图 4-167　瓦顶上晒粮食　2015 年 2 月 27 日摄于龙州县民建村

图 4-168　在屋檐下晾晒玉米　2017 年 1 月 31 日摄于靖西市化峒镇

[pʰjaːk⁷kʰun¹kai⁵] 晒鸡毛

左江流域一带有晒鸡鸭毛的习惯，晒干的鸡鸭毛除了自家做毛掸外，还可以卖钱。晒鸡毛称 [pʰjaːk⁷kʰun¹kai⁵]，晒鸭毛称 [pʰjaːk⁷kʰun¹pɛt⁷]。

图 4-169　晒鸡毛　2015 年 2 月 21 日摄于崇左江州区卜城村

图 4-170　晒鸭毛　2015 年 2 月 22 日摄于大新县板价村

[pʰən⁵ja¹] 喷药

即晒药。给田地喷洒杀虫的药。

图 4-171　喷药　2016 年 2 月 11 日摄于崇左市驮卢镇安定村

[tsai¹pʰjak⁷] 种菜

[tsai¹] 即"种植"，[pʰjak⁷] 即"菜"。左江流域壮语"种田"的"种"用 [nam¹] 来表达，但"种菜"的"种"却说 [tsai¹]。

图 4-172　种菜　2017 年 9 月 11 日摄于龙州县武联村

[luŋ²fan²pʰjak⁷] 下菜种

[luŋ²] 即"下",[fan²] 即"种子"。

图4-173　下菜种　2017年9月11日摄于龙州县武联村

[lam²pʰjak⁷] 淋菜

[lam²] 即"淋"。

图4-174　淋菜　2017年11月22日摄于崇左市江州镇保安村

肆　生产劳动

[ɬaːu²pʰjak⁷] 洗菜

左江流域一带壮族过去多在村边的小河洗菜。现在多数家里都有水龙头，到河里洗菜的逐步减少了。

图 4 - 175　洗菜　2016 年 2 月 20 日摄于宁明县达侬屯

[kɛp⁷pʰjak⁷] 拣菜

即用手指摘菜。

图 4 - 176　拣菜　2016 年 2 月 20 日摄于宁明县达侬屯

七　商业活动

[fai²] 圩

左江流域一带乡镇有固定的圩日，三天一圩，有的逢农历一、三、六、九日为圩，有的逢农历二、五、八日为圩。做生意称为 [hɛt⁷ɬɛŋ¹ji⁶] 或 [hɛt⁷pun⁵]"做贩"。有的地方设有 [hi¹tʰiŋ²]"圩亭"，有的则没有。圩亭一般分为 [haːŋ²maːi⁵]"肉行"、[haːŋ²pʰjak⁷]"青菜行"、[haːŋ²kai⁵pɛt⁷]"鸡鸭行"等。

图 4-177　圩亭　2016 年 3 月 10 日摄于扶绥县龙头乡

[pai¹fai²] 赶圩

[pai¹] 即"去"。

[fan³tʰaːn¹] 粉摊

[fai²kʰaːi¹mɔ²kʰaːi¹vaːi²] 卖牛圩

即牛市。

肆 生产劳动

图4-178 赶圩 2016年3月27日摄于大新县宝圩乡

图4-179 粉摊 2017年3月29日摄于崇左江州区保安村

图 4 - 180　卖牛圩　2016 年 10 月 22 日摄于天等县向都镇

[$k^ha:i^1ɬə^3$]　卖衣

图 4 - 181　卖衣摊　2017 年 4 月 11 日摄于凭祥市上石镇

肆　生产劳动

[kʰaːi¹pʰaːi³] 卖布

每到圩日，农家会把自家做的土布拿到街上卖。

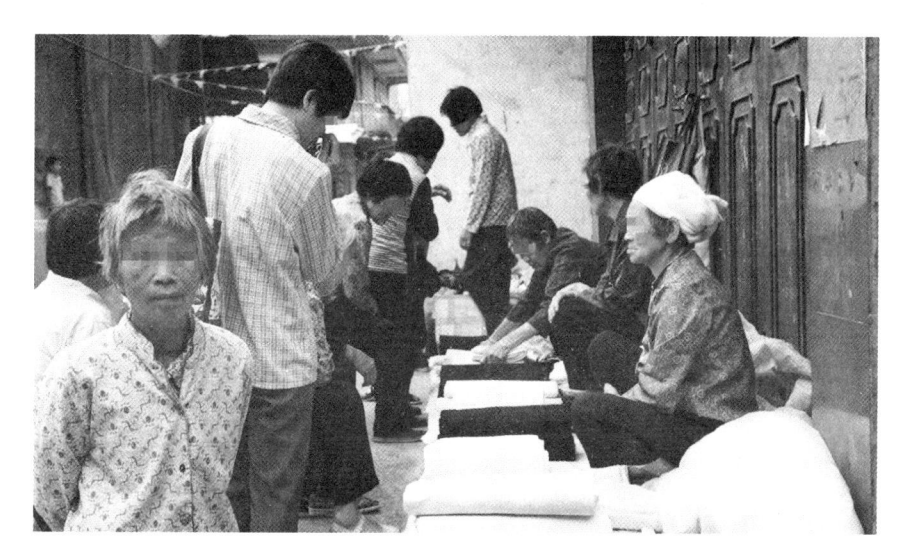

图 4-182　卖布摊　2017 年 4 月 16 日摄于天等县把荷乡

[kʰaːi¹ɬum³] 卖酸

即酸嘢摊。左江流域壮族尤其妇女喜欢吃酸嘢，有谚语：

图 4-183　酸嘢摊　2017 年 4 月 16 日摄于大新县宝圩乡

[taːi⁶mɛ⁶naːn²kwa⁵tʰaːn¹ɬum³]"女人难过酸嘢摊"，意为妇女路过酸嘢摊会忍不住要买。因此，酸嘢摊在当地生意都比较好。

[tim⁵kʰaːi¹tsaːp⁸] **卖杂店**

即杂货店。杂货店卖的一般都是壮族日常生活和生产用品。有专卖竹或藤制品店，如卖[tsʰaːu⁴]"竹筐"、[nuŋ³]"簸箕"、[maːu⁶]"帽子"、[laːm²]"篮子"等。也有专卖金属制品店，如卖[pən²]"脸盆"、[tʰuŋ³]"桶"、[pja⁴]"刀"、[hɛk⁷]"锅"等。

[kʰaːi¹kʰɛŋ¹] **卖砧板**

即砧板摊，一般有固定摊位，不仅卖砧板，还帮人做新砧板或修补旧砧板。也有临时上街摆摊的，临时摆摊的一般多为当地农民，利用当地丰富的木材资源，平时闲暇做砧板、木槽等，到圩日就出来摆卖，有时还兼卖自己采摘的草药或自家的土特产等。

[kʰaːi¹tʰui³] **卖碗**

杂货店里也有卖碗的，但有些商贩习惯圩日时在路边摆摊卖碗，这样卖得快些多些。

图 4-184　竹或藤制品杂货店　2017 年 4 月 16 日摄于天等县把荷乡

肆 生产劳动

图4-185 金属制品杂货店 2016年10月23日摄于大新县下雷镇

图4-186 固定的砧板摊 2016年10月23日摄于大新县下雷镇

图4-187　临时的砧板摊　2016年10月23日摄于大新县下雷镇

图4-188　路边卖碗摊　2016年10月23日摄于大新县下雷镇

[kʰaːi¹ja¹] 卖草药

每逢圩日，当地农家把自己采摘的草药拿到街上卖。

肆　生产劳动

图4-189　卖草药　2016年10月22日摄于天等县向都镇

[kʰaːi¹ja¹ŋu²]　卖蛇药

每逢圩日，一些住在高山的苗、瑶族农家会拿自家做的蛇药及其他草药到街上摆卖。

图4-190　卖蛇药　2016年10月23日摄于大新县下雷镇

[kʰaːi¹ʔɔi³] 卖甘蔗

图4-191　卖甘蔗　2016年3月27日摄于大新县宝圩乡

[kʰaːi¹maːk⁷naːm¹] 卖木菠萝

图4-192　卖木菠萝　2017年8月6日摄于扶绥县龙头乡

[kʰaːi¹tsʰi⁶tsaːu⁵] 卖炸糍

图4-193　卖炸糍　2016年3月27日摄于大新县宝圩乡

[kʰaːi¹kʰi³tʰəŋ¹] 卖糖屎

即卖瓜仁糖。卖瓜仁糖的生意人一般是外地来的，他们拉一个车，到各乡镇摆卖，边做边卖。

图4-194　卖糖屎　2016年3月27日摄于大新县宝圩乡

[kʰaːi¹kʰau³tum³] 卖粽子

每到节日，一些农家拿自己煮好的粽子挑到街上卖。

图 4-195　卖粽子　2017 年 4 月 16 日摄于天等县把荷乡

[kʰaːi¹pʰjak⁷] 卖菜

逢圩日，农家人把自己种的或在山野摘的 [pʰjak⁷kʰɛu¹] "青菜"、[pʰɛŋ¹] "黄瓜" 等拿到街上卖。

图 4-196　卖黄瓜　2017 年 4 月 16 日摄于天等县把荷乡

图 4 - 197　卖青菜　2017 年 4 月 11 日摄于大新县硕龙乡

[kʰaːi¹pʰjak⁷kim²]　卖咸菜

[pʰjak⁷] 即"菜",[kim²] 即"咸"。左江流域壮民也习惯做咸菜,尤其是头菜。每逢圩日,一些农家会把一些多余的咸菜拿出来换点钱。

图 4 - 198　卖咸菜　2017 年 3 月 29 日摄于崇左江州区保安村

图4-199　卖水豆腐　2017年4月11日摄于大新县硕龙乡

[kʰaːi¹taːu⁶fu⁶] **卖豆腐**

豆腐分[taːu⁶fu⁶nam⁴]"水豆腐"和[taːu⁶fu⁶tsaːu⁵]"油豆腐"。[nam⁴]即"水",[tsaːu⁵]即"油炸"之意,无论是水豆腐还是油豆腐,都是左江流域一带壮族喜爱的食品。

图4-200　卖油豆腐　2017年4月11日摄于大新县硕龙乡

肆 生产劳动

[kʰaːi¹jin¹] 卖烟叶

左江流域一带至今还有人爱抽土烟，用当地种的并晒干后的烟叶卷成

图 4-201　卖烟叶和美梧　2017年8月11日摄于龙州县民建村

图 4-202　烤好的烟叶　2017年8月11日摄于龙州县民建村

一长筒，吸时剪一截直接点火吸，或插到烟筒里吸。至今也仍有部分壮族妇女嗜食蒌叶，吃蒌时要配以［jin¹］"烟叶"和［mai¹vu²］"美梧"等。因此，左江流域一些小乡镇的圩日会出现卖烟叶、美梧的临时摊点。

图4-203　美梧　2017年8月11日摄于龙州县民建村

伍 婚丧生寿

一 婚嫁习俗

[kit⁷van¹] 结婚

又称 [ʔau¹mɛ⁶] "娶女",即男子娶女子,是女嫁男的表现。有的地方称"结婚"为 [ʔau¹pɔ⁶] "娶男",即女子娶男子。还有的地方称"结婚"为 [laːp⁸lɔ²] "迎媳妇",即路上迎亲。

[kaːŋ³tsʰan¹] 讲亲

即提亲。左江流域壮族婚姻主要是 [ʔɛt⁷pɔ⁶ʔɛt⁷mɛ⁶] "一夫一妻"制,普遍实行氏族外婚,但同姓不同宗可以通婚,舅表姨表可嫁,姑表不婚。婚姻形式基本实行媒妁和父母包办的双轨制。通过唱山歌结交的情友,男方也要聘请媒人上门求婚。

[mɛ⁶mai⁵] 新娘

[mɛ⁶] 即"女性、母",[mai⁵] 是"新"。也称 [lɔ²mai⁵] "新螺",[lɔ²] 原义为"螺",转义为"媳妇"。明清时期左江流域壮族女子出嫁时开始挽髻,婚后也一直挽髻,因为挽的是螺髻,所以"媳妇"有 [lɔ²] 之称。据《大新县志》载,螺髻习俗大概到民国时期开始逐渐消失。

[pɔ⁶mai⁵] 新郎

[pɔ⁶] 即"男性、父"。也称 [kʰəi¹mai⁵] "新婿",[kʰəi¹] 即"婿",左江流域壮族入赘之风一直盛行几千年,壮语的"'婿'是'仆人'一词的演化或移用"①。左江流域壮族的赘婿还有 [mɛk⁷naːm³] "扛木勺"和 [mɛk⁷nai¹] "扛梯子"等称谓。之所以有 [mɛk⁷naːm³] "扛木勺"这一称谓,是因为赘婿常常负责替家人装饭,而装饭的勺子就是木勺,故得此称

---

① 潘其旭:《从语言上看壮、老、泰的历史文化关系》,《学术论坛》1990年第4期。

谓。[mɛk⁷nai¹]"扛梯子"的来源，则是因为壮族过去住的是干栏房，活动的木梯子是上下楼的主要工具，赘婿往往要搬梯子服侍女方家人上下楼，所以有此称谓。这些称谓反映了赘婿地位之低下。

图 5-1　新郎和新娘　2017 年 4 月 11 日摄于大新县硕龙镇

［ɬəŋ¹mɛ⁶lɔ²］ 新娘箱

即嫁妆。过去壮族新娘的嫁妆主要是一对［ɬəŋ¹maːi⁴］"大木箱"和一对［laːm²tɛŋ³］"竹提篮"，大木箱是女子的"聚宝盆"，除了新衣物，还有自己心爱的物件。竹提篮主要装新娘的针线、绣品等小物件。这些嫁妆要跟随女子的后半辈子。现在一些农家还存留有这种大木箱，但这种女子出嫁伴木箱及竹提篮的习俗已经极少见了。

［tʰaːp⁷tʰaːp⁷］ 担担

［tʰaːp⁷］即"挑"。迎亲挑来的礼物中除了新娘的嫁妆，还有由两个郎官挑酒、米、粽子、鸡蛋等食物的担子，意为丰衣足食。

［lau³pi⁶noŋ⁴］ 贝侬酒

［lau³］即"酒"，［pi⁶noŋ⁴］即"兄弟姐妹"。在大新县一带，婚礼上新郎要与结交的兄弟们一一敬酒，叫［kiŋ⁵lau³pi⁶noŋ⁴］"敬贝侬酒"。

［hɔi³tɔm¹］ 挂绣球

婚礼上新娘给新郎挂上绣球，意为新娘的心永远属于新郎。

图 5-2　新娘箱和竹提篮　2017 年 1 月 31 日摄于靖西市区

图 5-3　送亲担担　2017 年 4 月 11 日摄于大新县硕龙镇

图 5-4　新郎敬贝侬酒　2017 年 4 月 11 日摄于大新县硕龙镇

图 5-5 挂绣球　2017 年 4 月 11 日摄于大新县下雷镇

图 5-6 秤杆掀头巾　2017 年 4 月 11 日摄于大新县下雷镇

[tsʰəŋ⁶leu¹kən¹nɛŋ¹] 秤杆掀头巾

[tsʰəŋ⁶] 即 "秤"，[leu¹] 即 "撩"，[kən¹nɛŋ¹] 即 "红巾"。新郎用秤杆掀新娘的红盖头，意为 "称心如意"。又因秤杆上有多个戥子，象征多子，亦表示祈子之意。

[ɬip⁷mɛ⁶ɬuŋ⁵kja⁵] 十女送嫁

即姐妹送嫁。[ɬip⁷] 即 "十"，[ɬuŋ⁵kja⁵] 即 "送嫁"。过去左江流域壮族民间流行结拜 [pi⁶nɔŋ⁴] "兄弟姐妹" 习俗，男青年结拜 [ɬip⁷pi⁶nɔŋ⁴taːi⁶pɔ⁶] "十兄弟"，女青年结拜 [ɬip⁷pi⁶nɔŋ⁴taːi⁶mɛ⁶] "十姐妹"，平时情同手足，遇到红白事，彼此相帮。虽说是 "十兄弟" 或 "十姐妹"，但不一定是十个，有的只有五六个，有的则有十几个甚至二十几个。送嫁的姐妹一般是未出嫁的姐妹。这一习俗在 20 世纪 50 年代前比较流行，现在已消失。据图 5-7 中演绎这一婚俗的姐妹们说，这种婚俗在她们祖父母辈还有，到她们父母辈已不见了。

图 5-7　十女送嫁（见彩图 26）　2017 年 3 月 4 日摄于扶绥县城

[hai³kja⁵] 哭嫁

[hai³] 即"哭"。左江流域一带壮族过去普遍存在"哭嫁"习俗，女子出嫁不哭，说明女子的心太狠，不念父母兄弟情。因此，在宁明县一带，当新郎带人接亲时，新娘便开始哭嫁，哭的内容大概为：一哭父母养育恩；二哭兄弟姐妹情；三哭亲戚朋友情；四哭媒人太"狠心"。扶绥县一带新娘出嫁前几天便开始哭嫁，且有姐妹相伴一起哭，哭得越厉害，日后生活越幸福美满。现在这一习俗已基本消失。

[tɛ⁵kja⁵] 背嫁

[tɛ⁵] 即"背"，[kja⁵] 即"嫁"。左江流域尤其是宁明县一带，过去有背嫁习俗，新娘在踏出家门时，由自己的兄长背出门，并背送一段路程，兄长多的轮流背，兄长少的就请亲朋好友背，背得越远，越能证明新娘家实力大，不仅能得到父母的欢心，也能得到男方的尊敬。这一习俗现已消失。

图 5-8　扶绥县壮民演绎"哭嫁"习俗　2017 年 3 月 4 日摄于扶绥县城

[mi⁵kʰau³lən²pɔ⁶]　**不落夫家**

[mi⁵] 即"不",[kʰau³] 即"入",[lən²pɔ⁶] 即"婆家"。20 世纪 80 年代以前,左江流域壮族农村普遍保留着结婚后生育前"不落夫家"的婚姻习俗,即女子婚后第三天回娘家长住,只在农忙或节日期间来夫家住几天,直到怀上孩子后,妻子才正式来丈夫家生活,此时称 [naŋ⁶lən²]"坐家"或 [kʰau³lən²pɔ⁶]"落夫家"。20 世纪 80 年代以后这一习俗逐渐消失。

[kwi²ma⁴lɔk⁸ʔau¹mɛ⁶]　**骑马娶妻**

即骑马相亲。靖西市壮族在土司时代流行骑马相亲习俗,由男方骑一头矮小的马相亲。靖西、德保一带盛产矮马,矮马似马又似驴,当地壮语称之为 [ma⁴lɔk⁸]。这一习俗现已消失。

[vi¹tʰu¹]　**梳头出嫁**

即梳头出嫁习俗。[vi¹] 即"梳",[tʰu¹] 即"头"。壮族女子出嫁的梳妆打扮由儿女双全、丈夫健在的中年妇女即 [mɛ⁶vi¹]"梳妆娘"负责。在有些地方,先由新娘的舅舅帮梳三下,表示梳去所有的烦恼忧愁,祝福新娘婚后幸福美满。

图 5-9　靖西市壮民演绎"骑马娶妻"婚俗　2017 年 1 月 31 日摄于靖西市区

图 5-10　梳头　2017 年 2 月 7 日摄于龙州县双蒙村

[kʰau³tum³tiŋ⁶tsʰan¹] 粽子定亲

[kʰau³tum³] 即"粽子"，[tiŋ⁶] 即"定"，[tsʰan¹] 即"亲"。这一习俗流行于龙州县逐卜乡。男女青年订婚期满三年才能举行婚礼，从订婚的那一年起，男方要连续三个春节给丈母娘送大粽子。大粽子用纯正糯米来包，不放馅，意为实心实意。大年初二，大粽子连同鸡、猪肉、沙糕、稻谷、酒等一起送到丈母娘家，丈母娘把大粽子横切成一块块分给亲戚，粽子越大，越显示丈母娘的面子宽，表示闺女嫁给了富裕人家。随大粽子送去的还有一些以猪脚肉、绿豆、香料等做馅的小粽子，丈母娘退一个给婆家，其余的留下来，意为两家从此有福同享，有难同当。

图 5-11 定亲粽子 2016年2月9日摄于龙州县逐卜乡

二 丧葬习俗

（一）古代葬俗
[kʰau³ŋəm²] 岩洞葬

[kʰau³] 即"入"，[ŋəm²] 即"岩洞"，是古代壮族的一种丧葬习俗。左江流域的岩洞葬主要分布在龙州、大新、天等和崇左市江州区。其

特点有：一是其位置均选择在距离江河、小溪、泉水、山塘旁边不远的石山高崖岩洞中，岩洞下面一般都有一片较开阔的平地或山弄；二是安葬时均把棺材放在有光线和雨水淋不着的洞道上，棺材上面不封土，不垒石，大部分棺头朝洞内，棺尾往洞口；三是在葬具方面多选择容易破成两边的香椿和苦楝木头为料，棺材一般长1—2.2米，宽约0.25—0.45米。制作的方法是将一段圆木破成两半，于各半刳挖棺室，在两头修制棺头（形或像鸟头、或像牛角、或像船头等），棺尾（形或像鸟尾、或像剪刀、或像船尾等）柄后重新全拼而成；四是多为二次捡骨葬。据《崇左壮族习俗》载，[①] 分布在崇左各县的崖洞葬的年代，除极个别为清初以外，其余均为南朝至明代之遗物。盛行这种葬俗的，正是秦汉以来长期居住在这里并自称骆越、布越、布板、布陇、布壮、布泰、布依等壮族先民。当时壮族先民盛行这种葬俗，其原因大体有三种说法：一是"普度灵魂"，二是"升天"，三是避免人兽或其他因素对尸骸的伤害，让祖先的灵魂安息，死者在阴间保佑后人生活平安幸福。目前发现的棺木岩洞葬绝大多数已遭破坏，但还留有"骨坛"岩洞葬。

图5-12 　"骨坛"岩洞葬　2017年8月2日摄于天等县宁干乡

---

① 崇左市政协文史和学习委员会编：《崇左壮族习俗》（崇左文史第一辑），南宁市开源彩色印刷有限公司印，广西内部资料性出版物准印证号：0007012，2008年版，第182页。

（二）流行葬俗

[paːu⁵tʰaːi¹] 报丧

壮语对人的"死"通称为 [tʰaːi¹]，委婉称为 [kwa⁵] "过"或 [pai¹] "去"。因此，"报丧"也可称为 [paːu⁵kwa⁵] "报过"或 [paːu⁵pai¹] "报去"。当家有老人亡故时，主家在大门口 [tək⁷ɬaːm¹pʰaːu⁵] "打三炮"，即鸣三声鞭炮，表示报丧。大新、龙州等地的主家还在大门挂长白布或白纱纸条，称为 [hɔi³pʰəːk⁷] "挂白"；扶绥、崇左江州区等地则在屋顶揭开瓦片，捅成一个洞口，叫 [kʰai¹ɬaːŋ³lən²] "开房顶"，即"开天窗"，让亡者阴魂升上天。报丧人到死者亲属家报丧时，要有人 [ɬaːt⁷hɔi¹] "撒灰"，即用火灰撒在门口。龙州县金龙镇一带还流行立一个假人，并燃烧稻草，报丧人方可进门报丧。如果死者为女性，男家亲属要派一人往外家报丧，俗称 [ɬuŋ¹hiŋ¹fu²] "送符音"。

图 5-13　撒灰、假人及燃烧稻草　2017 年 8 月 8 日摄于龙州县武联村

[ɬə⁴nam⁴] 买水

即请水。买水回家给死者洗涤尸体，这样死者才能进入阴间。由道公

敲锣打鼓开路，旁属兄弟陪同孝男到河边或井里［ɬə⁴nam⁴］"买水"。取水回来放［mai¹maːk⁷paːŋ⁴］"柚子叶"烧开后，由孝男和家人给死者［ɬaːu²naːŋ¹］"洗身"，如果死者是男性，就进行［tʰai⁵tʰu¹］"剃头"、［tʰum³tu²mai⁵］"戴新帽"；如果死者是女性，就进行［vi¹tʰu¹］"梳头"、［paːu¹kən¹］"包巾"，穿上［ɬə³mai⁵］"衣服"、［haːi²maːt⁸］"鞋袜"，并［tɛk⁷ŋən²］"置银"，即在死者嘴里放一枚银币，双眼各放一枚银币，双手各放一枚银币，然后［hum²fa⁴］"盖被"，即用白布覆盖，安放于厅堂中。

［kʰau³ku³pɛn³］ **入棺材**

即入殓。左江流域壮语［kʰau³］为"入"之意，［ku³pɛn³］为"棺材"之意。入殓前要请舅家人到场验尸，然后才能入棺。左江流域壮族有舅权习俗，有谚语：［nə¹fa⁴mi⁵fa⁴naŋ¹，tai³ti⁶mi⁵fu⁴luːŋ¹］"天上有雷公，地下有舅公"及［kʰik⁷fən²lɛ⁵lo⁶，tɔi⁵tsʰan¹lɛ⁵fu⁴］"劈柴要看纹，对亲要看舅"。还有一句歇后语：［mɛ⁶tʰaːi¹pai¹tsʰau⁵fu⁴—mi⁵kip⁷］"死了娘投舅公——莫急。"

图5-14 买井水时留下的碗 2017年8月5日摄于龙州县横罗村

伍　婚丧生寿

图 5-15　买泉水时留下的碗　2017 年 8 月 5 日摄于龙州县武联村

图 5-16　棺材放在大堂中央　2014 年 1 月 25 日摄于大新县大岭村

入殓时由儿子抬头，女儿抬身体将死者遗体放进棺材。入棺有忌 [tɔk⁷nam⁴tʰa¹]"掉眼泪"习俗，即"忌哭"，怕眼泪滴在棺内或死者身上，带来不吉。入殓后，棺材放在大堂中央，棺头棺尾各燃一盏油灯，称[kʰai¹təŋ¹]"开灯"。棺头设灵牌，摆祭品，燃香点烛。

[ʔan¹pʰuk⁷] 讣闻

即讣告。一般贴于屋前，告知前来吊唁的亲戚朋友。

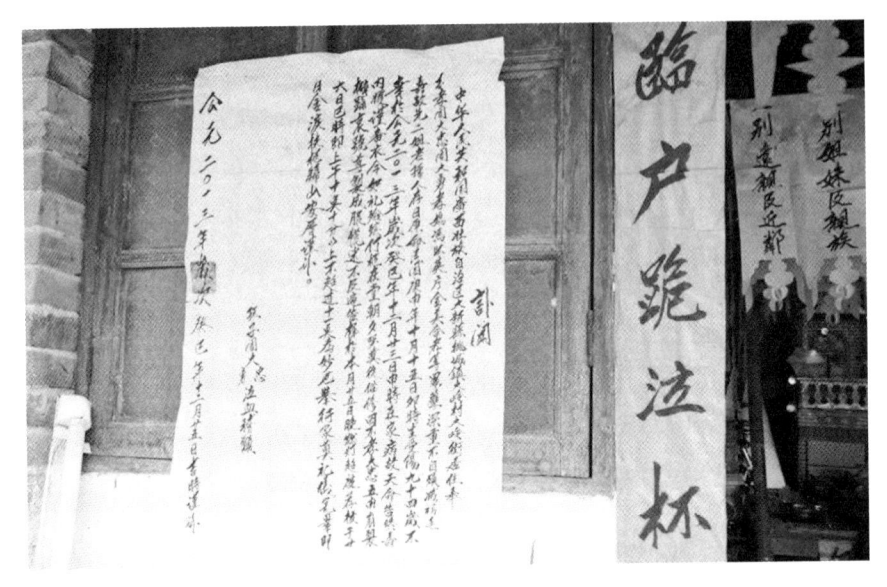

图 5-17　讣闻　2014 年 1 月 25 日摄于大新县大岭村

[paːi⁵] 拜

前来祭奠的客人，要先到灵前上三炷香，拜三拜，然后转到棺侧的孝男孝女们，孝男孝女们要立即向客人三叩首，客人同时还礼对拜。

[pə⁴ɬaːŋ¹] 守柩

即停棺祭奠。停棺时间各地不一，少则一至两天，多则七日甚至四十九日。期间死者亲属披麻戴孝，叫[luŋ⁵pʰɔːk⁷]。日夜在棺旁烧香守灵，称为[hɛn¹]。亲属守灵时不时哀哭，妇女边哭边唱，或边诉边哭，称为[hai³]。出殡前，死者亲属禁荤食，称为[kin¹tsaːi¹]"吃斋"。戴孝期间，孝男孝女不得坐高凳、睡高床，不得剪头发、洗头和洗澡，不得到亲友家串门，不得参加别家的婚宴和其他的喜庆活动，在家夫妇不得同房。在外丧生者尸体不得抬回屋里，只能在屋外面或屋檐下停尸守灵并做简单祭奠后埋葬。

图 5-18　拜　2014 年 1 月 25 日摄于大新县大岭村

[hɛt⁷taːu⁶]　做道

即由道公 [pʰiŋ⁵liŋ²] "超度亡灵" 和 [naːm¹kiŋ¹] "喃经"。一般有三种类型。一是大型的，叫 [ɬuŋ⁵tsuŋ¹] "送终"，由 [pɔ⁶taːu⁶] "道公" 五至七人念经三天三夜或七天七夜，还有 "八音" 吹打，这是富家人使用的类型。二是中型的，称为 [kʰai¹lɔ⁶] "开路"，"道公" 一至三人，念经一天一夜或三天三夜，没有 "八音"，多数人常用这种类型。三是小型的，称为 [tim³tʰa¹] "点眼"，"道公" 一人念经，贫穷人家多用此类型。

[hi³]　给

即死者生前的亲戚朋友前来吊唁，要赠送米、钱和香纸等。

[tək⁷lau³]　上酒

即在棺前摆上鸡、猪肉，倒上酒，并烧香，道公在旁做法事，意为让死者到了阴间后，也能像在人间一样，有吃有喝。

图 5-19　道公做道　2014 年 1 月 25 日摄于大新县大岭村

图 5-20　道公做法　2014 年 1 月 25 日摄于大新县大岭村

图 5-21　给　2014年1月25日摄于大新县大岭村

图 5-22　上酒　2014年1月25日摄于大新县大岭村

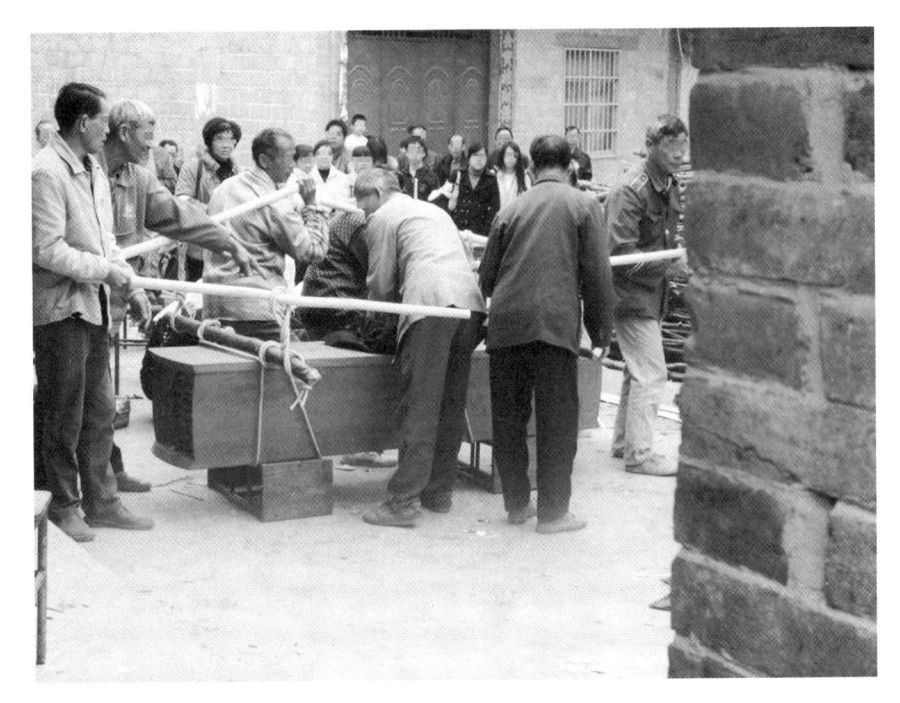

图 5-23　抬棺　2014 年 1 月 25 日摄于大新县大岭村

[ʔoːk⁷] 出殡

出殡仪式各地不完全一致，龙州县一些地方出殡时，由长子仰卧在门外地上，让棺材从身上跨过，称为 [tɛm⁶] "垫丧"；天等、凭祥、大新等抬枢出门时，所有子女都在门前跪下，让棺材从头上抬过，称为 [mɛk⁷] "负棺"，现在这种仪式已简化，子女要下跪，但不用让棺材从头上抬过了。由孝男或大女 [mɛk⁷kuːk⁷] "扛锄头" 先走，并 [ɬaːt⁷ŋən²] "撒银"，即撒纸钱开路，六个人 [mɛk⁷pɛn³] "抬棺" 跟在后面，家人和前来吊祭的人跟着棺材走。送葬路上放地炮、鞭炮，道公敲锣打鼓，送到墓地。扶绥壮族出殡先 "发担"，称为 [tʰaːp⁷]，即由亲生女儿挑着装有酒、米、鸡、猪肉等的担子至半路跪迎灵柩。

[pʰaŋ¹] 埋

即下葬，也叫 [kʰau³tum¹] "入土"。下葬前，崇左江州区壮族则由道公以钱币七枚在坟坑里摆成七星阵，称为 [paːi³kwa⁵] "摆卦"。龙州、大新县壮族还做 [kai⁵tʰiu⁵] "鸡跳" 仪式，即把公鸡抛入坟坑内，公鸡跳出坟坑并鸣啼，表示这是块宝地。灵柩放进坟坑后，送殡亲友即向坟坑鞠躬拜别，族人要留下垒坟。孕妇及未成年人死亡，下葬时棺盖不钉实，留一条缝，意使死者转世再生。

图 5 - 24　出殡　2014 年 1 月 25 日摄于大新县大岭村

[pai¹jai⁶] **去秽**

灵柩抬到坟坑时，需在坟坑旁燃烧一堆火，把死者生前的衣物及其他用品进行焚烧，同时儿女要留用的物品，都要在火上烤一下以"去秽"。

[ŋən²nɛŋ¹] **红钱**

又称 [tʰɔːt⁷kaːu⁵] 用红纸包少量人民币，各地各家所包的人民币金额不等，大致 0.1 元至 10 元。由死者家人准备，并发给前来祭奠的亲戚或朋友，以驱邪。

[nam⁴kaːi³] **解秽水**

把柚子树、黄皮树、桃子树或柑桔树的枝叶放入清水中即成。送殡者返回时，要用主家备好的"解秽水"洗手，以杀邪气。

图5-25　埋　2014年1月25日摄于大新县大岭村

图5-26　去秽　2014年1月25日摄于大新县大岭村

图 5-27　红钱　2014 年 1 月 25 日摄于大新县大岭村

图 5-28　解秽水　2014 年 1 月 25 日摄于大新县大岭村

[kai⁵ɬɛŋ¹] 公鸡

下葬前要由道公用公鸡来测宝地，称 [kai⁵tʰiu⁵] "鸡跳"。

图 5 - 29　用于"鸡跳"仪式的公鸡　2014 年 1 月 25 日摄于大新县大岭村

[ŋən²tsʰɛŋ²] 银钱

用冥纸折成元宝样子的假纸钱,祭拜时烧给死者,意为让死者在阴间拥有金银财宝。

图 5 - 30　银钱　2014 年 1 月 25 日摄于大新县大岭村

[tsaːu⁵tsʰɔŋ²] **台罩**

[tsaːu⁵] 即"罩",[tsʰɔŋ²] 即"台"。用白纸糊成一个房子的模样,摆放在灵柩前头,意为死者在阴间的房子。

图5-31　台罩　2014年1月25日摄于大新县大岭村

[tsaːu⁵ku³pɛn³] **棺罩**

用竹篾编成一个棺材大的架子,然后用彩纸糊成一个房子的模样。用于罩棺材,表示对死者的尊敬和爱戴。

[kja⁵ku³pɛn³] **棺架**

[kja⁵] 即"架",[ku³pɛn³] 即"棺材"。用 [mai⁴pʰɛu¹] "大竹"编成,用于抬棺材。

[kʰai¹tsaːi¹] **开斋**

下葬后,亡者家做 [kʰai¹tsaːi¹] "开斋",即备荤菜宴请亲戚朋友及前来帮忙料理丧事的左邻右舍。开斋菜称为 [pʰjak⁷kʰai¹tsaːi¹],也称 [pʰjak⁷taːu⁶fu⁶] "豆腐菜",因为豆腐是当地白事宴席上必不可少的菜肴,故得此名。事实上,开斋菜除了豆腐,一般会有鸡肉、鸭肉、猪肉等荤菜以及酸菜、萝卜等素菜。

图 5-32　棺罩　2014 年 1 月 25 日摄于大新县大岭村

图 5-33　村民在编棺架　2014 年 1 月 25 日摄于大新县大岭村

伍 婚丧生寿

图 5-34 开斋菜 2014 年 1 月 25 日摄于大新县大岭村

图 5-35 开斋宴 2014 年 1 月 25 日摄于大新县大岭村

[pʰai²lən²] 守家

又称 [kan³pʰi¹] "赶鬼"。即用一根棍子、竹篾编织的鸡笼及旧衣旧帽制成一个假人，以镇宅。村中有人死亡，村民要在自家宅旁放一个"守家"，以防鬼入门，"守家"可一直放在宅旁，直至其被风雨损坏。此风俗主要流行于龙州县金龙镇农村。

图 5-36　守家　2017 年 8 月 4 日摄于龙州县武联村

图 5-37　守家　2017 年 8 月 4 日摄于龙州县武联村

[fan²mai⁵] 新坟

即第一次葬的坟墓。[fan²] 即"坟"，[mai⁵] 即"新"。左江流域壮族盛行二次葬，第一次葬后待三五年后再行二次葬，因此，第一次葬又称 [ki⁵pʰaŋ¹] "寄葬" 或 [ki⁵tum¹] "寄土"。因坟是长形的，也称 [fan²li²] "长形坟"。第一次葬不讲究风水，田边地头或茅山荒坡均可。

图 5-38　新坟　2016 年 2 月 16 日摄于天等县政教村

[kɛp⁷nuk⁷] 捡骨

即二次葬。[kɛp⁷] 即"捡"，[nuk⁷] 即"骨"。一般第一次葬后三至五年要掘土开棺捡骨，捡骨时间一般选在冬季大小寒或清明节。由死者的儿女去拾骨，到坟前点香，摆上酒、鸡、猪肉、糯米饭等供品，然后跪拜。破土开棺后，把骨骸捡出，用白纱纸把骨擦净，再按人骨架结构顺序叠置于事先备好的 [ɬuːŋ³] "骨坛" 中，由长子或长女背往祖坟地下葬，但事前必须请道公选好日子，如果日子未选好，可以在临时选定的地点，一般是向阳、干爽的土坡壁崖，或可以容得下"骨坛"的洞穴，待选好吉日后再到祖坟地里下葬。儿童夭折不祭奠，席卷埋葬，五六岁后死的才制简单棺材，第一次埋葬后不迁葬。未足 36 岁的死者，不能将其遗骨迁进祖坟场，要独葬。

图 5-39　待选吉日临时安放在土坡上的骨坛　2017 年 2 月 1 日摄于大新县五山乡

[ɬuːŋ³] 骨坛

即"金坛"。陶制品，用于放置死者骨骸。放在土坡上待吉日入祖坟地的骨坛一般要垒几块砖石，选好吉日的骨坛入祖坟前要撑一把伞，以示为其遮阳挡雨。

图 5-40　准备入祖坟地的骨坛　2018 年 2 月 1 日摄于大新县大岭村

伍 婚丧生寿

[fan²man²] 圆坟

[fan²] 即"坟"，[man²] 即"圆"。是二次葬后的坟，因形状是圆形，故名。因葬于祖坟地上，故又称 [fan²tsɔ³] "祖坟"。有的圆坟用石头垒好后再用水泥糊平，有的圆坟直接用石头垒成。每年农历三月三扫墓时涂上石灰。

图 5-41　圆坟　2016 年 2 月 21 日摄于天等县福新乡康苗村

图 5-42　圆坟　2016 年 4 月 9 日摄于大新县大岭村

[pʰjaˈ¹fan²] 坟山

即祖坟墓地，因埋在山坡上而得名。坟山上的墓均为二次葬后的墓，可立碑。一般同一家族的祖先均葬在同一个山坡上，每逢三月三子孙后代们前来祭拜，称为 [paːi⁵pʰja¹fan²] "拜坟山"。

图 5-43　拜坟山（见彩图 28）　2017 年 3 月 30 日摄于大新县大岭村

三　生育习俗

[ʔaːn¹va¹] 安花

壮族民间流行 [mɛ⁶va¹] "花婆"崇拜，认为壮族始祖姆六甲是由花朵变成的，壮人都是从姆六甲花园里的花朵转生的，花婆是姆六甲的化身，故信奉花婆。安花，意在祈求花神保佑孩子聪明伶俐、无病无灾、健康成长、人丁兴旺。在左江流域一带壮族民间，产妇生育第一胎婴儿后的第二天至婴儿满月前，娘家送来一个用木板制成形状像小木箱盖或者有底的木架，名曰 [va¹haːp⁸] "花合"，并请道公诵经后将其安放在产妇卧室的床边墙上，安立花婆神位，俗称"安花"。"花合"正中置一香炉。前沿两侧各插一束用金银锡纸剪成的花朵，以后每生育一胎便插一束花朵。

图 5-44　花合（见彩图 27）　2015 年 2 月 23 日摄于大新县板价村

图 5-45　道公诵经后在产妇卧室的床边安立花婆神位　2017 年 8 月 10 日摄于龙州县双蒙村

安花之后，逢年过节小孩生日时按时供奉花婆。凡小孩生病，其母亲也要祭拜花婆，求花婆保佑小孩尽快康复，直到本家所有孩子都年满 18 岁以后，才将"花合"撤掉。有些地方儿女成婚后撤掉"花合"，或将代表他或她的花朵撤掉。各地此俗略有不同。天等县农村壮族在产妇生育婴儿后的第三天安花，待本家所有儿女 36 岁以后才将"花合"撤掉。

[tap⁸va¹] 花桥

木制品。壮族妇女婚后不孕，要请道公在卧房举行架桥求花仪式，这样生育花魂从桥上过来，传到求育妇女身上，达到怀孕目的。

图 5-46　花桥　2017 年 8 月 7 日摄于龙州县武联村

[naŋ⁶mən¹] 坐月

在龙州、大新县等农村壮族，家里有小孩出生，便在家门插挂茅草、虎皮剑兰、仙人掌、柚子叶等，一为辟邪，二作标记。忌讳外人入内，产妇在产后一个月内，静养家中，扎头巾，不赤脚，不洗冷水，少外出，叫"坐月"。

图 5-47　此为家有产妇"坐月"，家门插挂仙人掌　2017 年 8 月 4 日摄于龙州县武联村

[kin¹ɬaːm¹tsʰau⁴] 吃三朝

有的地方婴儿出生第三天时要吃"三朝"酒，岳母家送项鸡①、糯米饭等到女婿家，女婿家杀鸡宰鸭备酒宴请长辈亲戚。

[kin¹kʰau³laːm²] 吃米篮

是庆生习俗，流行于扶绥县一带，孩子出生后七至十五天请酒庆贺孩子出生，外婆家送来一篮子的礼物，有鸡肉、糯米饭、糍粑、沙糕等，因此称为"吃米篮"，参加者主要为妇女和小孩，男子很少参加。"吃米篮"那天，外婆要为外孙"安花"，祈求花开不谢，继续生男育女，长命富贵。

---

①　左江流域一带壮族人民称未生过蛋的母鸡为 [kai⁵kʰaːŋ⁵] "项鸡"。

图 5-48　此为外婆怀抱满月的婴儿，旁边是外婆送来的礼物　2017 年 8 月 17 日摄于越南谅山省高禄县

[kʰaːi¹mən¹] 卖月

即 [nai³mən¹] "满月"，又称 [kʰaːi¹laːn⁴] "卖懒"，流行于左江流域一带天等、大新、扶绥等县壮族以及越南高平、谅山等省岱侬族的一种生育习俗。产妇坐月三十天变懒了，今天把"懒"卖掉，可以下地劳动了。那天，外婆家送来酒、肉、糯米饭及婴儿衣服、背带、鞋、袜、童车、童床、玩具，还有金或银项链、手镯或脚镯等礼物，婆家当晚请道公念魔，请 [lau³nai³mən¹] "满月酒"。喝满月酒那天，婆家叫婴儿的亲姐姐或找来邻居家一个女孩子，让女孩子手提篮子，背着婴儿出去玩，称为 [tɕ⁵nɔŋ⁴] "背弟（妹）"，意为让婴儿今后聪明伶俐、幸福安康。"卖月"还包括 [ɬə⁴tsʰuŋ¹] "买葱"，即带婴儿买葱花，意为小孩长大后聪明。还有 [ɬə⁴ɬə¹] "买书"，即买书和笔，意为小孩长大后爱学习。生第二胎后礼仪逐渐减少。

图 5-49　背弟妹　2017 年 8 月 17 日摄于越南谅山省高禄县

[kɛ³tin³] 解短

当孩子遭遇一些苦难，壮族习惯做 [kɛ³tin³]"解短"仪式，即解除孽障。由道公或仙婆主持，要剪一个纸人，称为 [maːu⁵laːŋ²]"茆莨"，它是代替小孩受难的角色，道公或仙婆经过法事把小孩的厄运都转移到"茆莨"身上，让"茆莨"带走厄运。

图 5-50　茆莨　2018 年 8 月 23 日摄于大新县大岭村

图 5-51　解短　2018 年 8 月 23 日摄于大新县大岭村

四　祝寿

[kin¹kʰwan¹] 吃生日

即祝寿，左江流域各地祝寿的年龄不一。扶绥等地壮族大多年满六十岁才做寿；江州、大新、龙州等地壮族一般年满五十岁就可以做寿，以后每十年做一次寿，寿期六十一、七十一、八十一等年数，故做寿又称 [kin¹ʔɛt⁷] "吃一"。天等壮族把四十九岁、六十一岁、七十三岁等三个生日称作初寿、中寿、高寿，是人生祝寿礼仪中最隆重的三次，超过八十岁的年年都可做寿，但父母健在者年纪再大也不能庆寿。个别地方亦有不到五、六十岁就做寿的，但多为健康状态不良者，认为做寿可以使人添福添寿。寿日，参加祝寿者准备好寿礼，有鸡、鸭、酒、面、米和寿衣寿饰等。主家则备猪、鸡、鸭肉和酒款待亲朋好友。饭后举行 [kʰən³pi¹] "上寿" 仪式，即女婿送钱物、镜屏，亲朋好友送封包、寿布和燃放鞭炮等。有的请道公、巫婆念经，搞 [kja¹kʰau³] "添粮"；有的请人 [hɛt⁷hiŋ⁵] "庆寿"，即唱山歌、表演节目，为寿者添福增寿。

图 5-52　上寿（左二为寿者）　2016 年 9 月 27 日摄于大新县万礼村

图 5-53　庆寿　2016 年 9 月 27 日摄于大新县万礼村

陆　节日节庆

一　传统节日

(一) [tsʰan¹tsit⁷] 春节

春节原是汉族的节日,近代以来,左江流域壮族过春节和汉族一样隆重,家家户户要祭祀祖先,祈祷在新的一年老少安泰,六畜兴旺。又称[kwa⁵pi¹]"过年",意为从旧的一年过到新的一年。从除夕至正月十五都算是春节,是一年当中延续时间最长的节日。春节来临,人们首先要做的是拾掇清扫房屋,接着备年货、舂糍、包粽子、碾米粉、做年糕、炒米花等。

图 6-1　春节期间神桌供品　2015 年 2 月 21 日摄于大新县板价村

[ham⁶nap⁷] 除夕

除夕，家家户户要煮跨年饭，且要有所余到大年初一，称 [kin¹lə¹] "吃剩"，以示年年有余。昔时，大多数地方吃过除夕团圆饭后，人们便围着火塘守岁，子时到，人们即烧香点烛，将粽子、沙糕、米花、茶、酒、糖果等陈列神桌上供奉，称为 [paːi⁵tsɔ³] "拜祖"。

图 6-2　团圆饭　2015 年 1 月 19 日摄于龙州县板陋村

[nɛm¹tɔi⁵] 贴对

即"贴对联"。除夕前一天，各家在大门上贴对联，门楣也贴几张红方纸，称 [fuːŋ¹nɛŋ¹] "红方纸"。讲究的人家还贴"张飞""李逵"等画作门神，称 [kʰa³pʰi¹] "杀鬼"。

[tək⁷pʰaːu⁵] 放炮

除了除夕夜放炮外，正月初一至十五每天饭前都习惯放炮，然后才聚餐而食，称 [ha⁶fa⁴] "告天"，意为通知天上祖先回家吃饭。

图6-3　大门的对联和红方纸　2015年1月22日摄于崇左市江州区那贞村

图6-4　放炮　2016年2月8日摄于扶绥县龙头乡

[hɛt⁷tʰin¹] 做天

即祭天地。[hɛt⁷] 即"做"，[tʰin¹] 即"天"。每年春节，大新、龙州县一带壮族村寨习惯搞"做天"活动，各家各户在村里一个较大场地上摆放小饭桌，饭桌上又摆放熟鸡、猪肉、鱼、粽子、米花、沙糕、烟酒等祭品，并点香、烧纸钱。"做天"由道公、巫婆们主持仪式，主要目的是祈福禳灾，希望新年风调雨顺、五谷丰登、人丁兴旺。

图6-5 做天（见彩图29） 2015年2月21日摄于大新县板价村

[na¹tsʰɔŋ²] 摆台

即供神。[na¹] 即"摆"，[tsʰɔŋ²] 即"台"。做天时，各家安放自己的小饭桌，上面摆有鸡、猪肉、鱼、酒、粽子、糖果、香纸等祭品。

[pan⁵] 绕圈

道公引领村民一桌一桌地祈福。

[jaːi²] 祭拜

即拜天。对着主神台祭拜。

图6-6 绕圈 2015年2月21日摄于大新县板价村

图6-7 祭拜 2015年2月21日摄于大新县板价村

[kum¹ŋən²] 烧银

即烧纸钱。[kum¹] 即"烧", [ŋən²] 即"银"。

图 6-8　烧纸钱　2015 年 2 月 21 日摄于大新县板价村

[hi³tsʰɛn²] 给钱

即捐钱。[hi³] 即"给", [tsʰɛn²] 即"钱"。壮族人相信多行善会有好报，"做天"结束后，大家纷纷 [hi³tsʰɛn²] "给钱"。

图 6-9　给钱　2015 年 2 月 21 日摄于大新县板价村

[tsʰəŋ³nam⁴ɬin¹] **抢仙水**

即抢神水。[tsʰəŋ³]即"抢"，[nam⁴]即"水"，[ɬin¹]即"仙"。是经过道公"做天"时施了法术的水，大家相信喝了这种水身体会更健康。

图6-10　抢仙水　2015年2月21日摄于大新县板价村

[mu³luŋ²ɬai¹] **舞龙狮**

[mu³]即"舞"，[luŋ²ɬai¹]即"龙狮"。春节期间左江流域一带一般都有舞龙舞狮活动，不仅在舞台上表演，还走街串巷地庆贺。在小村寨，也有由几个人组成的小型龙狮队逐家逐户地表演庆贺，户主则燃炮欢迎，并敬酒、封红包以答谢。

[ʔɔːk⁷tu¹] **出门**

年初一，一般不外游，初二以后，开始出门了，有[pai¹fai²]"赶圩"、[lɛ⁵luŋ²ɬai¹]"看舞龙舞狮"、[tiŋ⁶va⁶ɬi¹]"听山歌"等。

陆 节日节庆

图6-11 田野舞龙狮 2017年2月10日摄于龙州县横罗村

图6-12 走街串巷舞龙狮 2016年2月15日摄于龙州县勤江村

图6-13　逐户舞狮　2015年2月17日摄于龙州县陇水村

图6-14　户主给舞狮人敬酒及封红包　2015年2月17日摄于龙州县陇水村

图 6-15　赶圩　2015 年 2 月 22 日摄于大新县板价村

图 6-16　看舞狮　2015 年 2 月 25 日摄于崇左市江州区保安村

图 6-17 听山歌 2016 年 2 月 16 日摄于天等县种典村

(二) [ji⁶ŋuːt⁸ji⁶] 二月二

又称 [tsit⁷ha²luŋ²] "草龙节"。"二月二·草龙节"是扶绥县一带传统民俗节日之一。壮民崇拜龙，每逢农历二月初二，即用稻秆做龙身，用竹竿做龙脊，编成长长的草龙来庆祝祭拜，以示龙王抬头，人们希望通过草龙活动，能使龙神赐福人间，人畜兴旺，五谷丰登。

[paːi⁵luŋ²] 拜龙

草龙活动首先要到村里去拜土地神。

[jau²luŋ²] 游龙

拜完土地神后到各村各户游龙。

[ɬuŋ⁵luŋ²] 送龙

游龙后把龙身烧掉，又称 [luŋ²kʰən³fa⁴] "龙归天"。此时草龙活动结束。

图 6-18　拜龙　2016 年 3 月 10 日摄于扶绥县龙头乡

图 6-19　游龙（见彩图 30）　2016 年 3 月 10 日摄于扶绥县龙头乡

图6-20　送龙　2016年3月10日摄于扶绥县龙头乡

(三) [ɬaːm¹ŋut⁸ɬaːm¹] 三月三

农历三月三，是左江流域壮族一年中重要的节日之一。祭扫祖坟是左江一带壮族"三月三"活动的主要内容。

图6-21　祭祖队伍　2017年3月30日摄于大新县大岭村

[paːi⁵pʰja¹] 拜山

因多数壮家的祖坟埋在山上，故得此名。拜山那天，整个家庭成员带上锄头、铲等工具及祭祖的礼物上山到自家祖坟去祭扫。

图 6-22　祭祖队伍　2017 年 3 月 30 日摄于大新县大岭村

[tsʰan³fan²] 铲坟

"三月三"扫墓主要是整修祖坟，铲除坟场杂草，故有此名。

图 6-23　铲坟　2017 年 3 月 30 日摄于大新县大岭村

[hɔi³] 挂

即挂纸。用竹枝、柳条挂纸为标,插在坟上。

图6-24 挂纸 2017年3月30日摄于大新县大岭村

[paːi⁵tsɔ³] 拜祖

即人们摆供品、插香、点蜡烛、烧纸钱等向祖坟供祭。坟场上的每一个坟都要插香、点蜡烛、烧纸钱等。摆供品时,一般是家族中各小家庭把供品摆在与自己最亲近的祖先坟前。

图6-25 拜祖 2017年3月30日摄于大新县大岭村

图6-26　拜祖　2017年3月30日摄于大新县大岭村

[tək⁷pʰaːu⁵]　放炮
表示祭拜结束。

图6-27　放炮　2017年3月30日摄于大新县大岭村

[tuŋ²kin¹] 同吃

即拜山宴。是扫墓的最后程序，即在坟场就餐，意为与祖先同餐。

图6-28　同吃　2017年3月30日摄于大新县大岭村

[paːi⁵nɔk⁸vit⁸] 拜骆越

骆越王被认为是左江流域壮族的祖先，每年农历三月三左右，宁明、

图6-29　壮民推着骆越神像进行游神活动　2015年4月21日摄于宁明县县城

图 6-30　游神队伍　2015 年 4 月 21 日摄于宁明县城

大新等县壮族都祭祀壮族最远的［tsʰɔ²kɛ⁵］"祖先"［nɔk⁸vit⁸］"骆越"。除［jau²san²］"游神"和［paːi⁵san²］"祭神"活动外，还有［va⁶ɬi¹］"山歌赛"、［vaːt⁸lə²］"龙舟赛"等活动。

图 6-31　祭神　2015 年 4 月 21 日摄于宁明县城

(四) 歌圩节

歌圩节产生于秦汉人类洞居时期，是骆越文化的重要组成部分。左江流域各地对歌圩的称谓有所不同。文献上对歌圩称谓的记录一般为"歌坡""航单""侬侗"等名称。歌圩是壮族群众定期聚会、以歌为乐的重要活动场地，每年春、夏、秋三季皆有，多于农历的二、三、四月间。歌圩规模大者上万人，小者也有一二十人。明代邝露在《赤雅》中描述："余则三三五五，采芳拾翠于山椒水湄，歌唱为乐。男亦三五群歌而赴之。相得，则唱和竟日，解衣结带，相赠以去。春歌正月初一，二月初三；秋歌中秋节日浪花歌。"《广西边防纪要》（1941年）记载："沿边一带风俗，最含有人生意义的，则为歌圩。歌圩在春忙前的农暇时候举行，其日子各地各不相同，今日为甲地歌圩，明日为乙地歌圩，换次轮的，以轮尽各村为止。歌圩日，附近各村青年男女，各着新衣服到达集圩地点，彼此午宴，尽情畅饮，互赠糕饼，迨至夕阳将下，则三五成群并肩同到野外路旁，或村头、树下，引吭高歌，彼唱此和，其乐融融，待天黑后，始各尽兴返家。"20世纪60年代歌圩曾一度被当作"四旧"加以批判而销声匿迹，20世纪80年代以来，各地的歌圩又兴起，每到歌圩期，一些歌圩场上，男男女女，前来对歌，盛况空前，好不热闹。

图 6-32 歌坡节对歌（见彩图 31） 2016 年 3 月 12 日摄于扶绥县城

[kɔ¹pʰɔ²] 歌坡

崇左江州区、凭祥、宁明、扶绥等地称歌圩为"歌坡"。[kɔ¹] 即"歌",[pʰɔ²] 即"坡",意为"唱歌的坡地"。又称 [ʔɔːk⁷pʰɔ²] "出坡",[ʔɔːk⁷] 即"出",意为"出坡地聚会"。

图6-33 歌坡节山歌场所 2015年4月17日摄于扶绥县笃邦村

图6-34 歌坡节山歌场所 2015年5月12日摄于崇左市江州区

图 6-35　宁明壮族对歌　2015 年 4 月 21 日摄于宁明县城

图 6-36　凭祥壮族对歌　2015 年 3 月 4 日摄于凭祥市上石镇

图 6-37　山歌擂台赛　2017 年 1 月 31 日摄于靖西市区

[haːŋ²taːn¹]　航单

这是靖西、大新县下雷镇、天等县把荷乡和上映乡等地对"歌圩"的称谓。[haːŋ²] 即"圩市"，[taːn¹] 即"峒场"，意为"峒场圩市"。

[luŋ²tuŋ²]　侬峒

即龙州县、大新县新振乡和恩城乡、天等县福新乡和龙茗乡等地对"歌圩"的称谓。[luŋ²] 即"下去"，[tuŋ²] 即"峒场、山野"，意为"到峒场欢聚"。又称 [kʰau³ŋəm²] "入岩"，[kʰau³] 即"入"，[ŋəm²] 即"岩洞"，意为"到岩洞会歌"。昔时，侬峒节只是以歌为乐，现在多有演变，有的地方成了祭神节日，有的演变成集市。

[pɔ⁶kɛ⁵]　老男

当地对唱山歌唱得好的男子的一种尊称，即男歌王。[pɔ⁶] 即"男"，[kɛ⁵] 即"老"。

[ɬaːu¹kɛ⁵]　老女

当地对唱山歌唱得好的女子的一种尊称，即女歌王。[ɬaːu¹] 即"姑娘"。

图 6-38　侬侗节山歌场所　2016 年 2 月 10 日摄于大新县万礼村

图 6-39　天等壮族对歌　2016 年 2 月 21 日摄于天等县康苗村

图 6-40　大新壮族对歌　2016 年 2 月 10 日摄于大新县万礼村

图 6-41　龙州壮族对歌　2017 年 2 月 10 日摄于龙州县横罗村

图 6-42　龙州壮族男女歌王对歌　2017 年 10 月 6 日摄于龙州县花都村

[kʰau²mu²]　**求务**

[kʰau²] 即"求"，[mu²] 即"务"。原义季节、季造，引申为收获、丰收。龙州县金龙镇壮族侬侗节除了唱山歌，还有"求务"活动，请巫道人员来弹天琴念经祈求保佑。侬侗节那天，人们一大早就把自家的小方竹桌和祭祀品在田地或村中的一块较大的平地里摆上，虔诚地烧上香火。上百个小桌被摆成了一排排大方阵，桌上的祭祀品有鸡、猪肉、粽子、糍粑、沙糕、稻谷、花生、酒、糖果等。巫道人员唱词一般为 [kʰau²pi¹ni¹na²nai³kʰau³laːi¹，nam⁴mɔ⁵mi²pja¹kuŋ⁵laːi¹；kʰau²ɬaːm¹van²mi²nɛt⁷maːt⁷nəŋ⁵，pɛt⁷van²mi²pʰən¹luːŋ¹nəŋ⁵.] "求一年五谷满田，一年鱼虾满泉，求三天有一晴，八日有场雨……" [pʰi¹nɔn¹piŋ⁶sui¹ʔɔːk⁷maːn³ʔɔːk⁷nɔk⁸pai¹，kʰau²nai¹ma²tsai³，ɬuŋ⁵tsaːi¹ʔɔːk⁷na²ʔɔːk⁷tuŋ²pai¹，ɬuŋ⁵mai⁵pai¹ta⁶luːŋ¹，lai¹pai¹tsʰin¹pi¹mi⁵nai³ma²，faːn⁶pi¹mi⁵nai³kʰau²maːn³，kən²kən²maːn³lau²mi²kin¹mi²juː⁵jəŋ⁶jəŋ⁶nai¹.] "妖魔妖怪病虫病害送出村剎出外，求好来近，送灾难出田边田垌不回来，送你去苍凉大地茫茫大海，千年不回来，万代不回乡，保佑全村男女老少人人得安康……"等。

图 6-43　求务　2017 年 2 月 10 日摄于龙州县横罗村

图 6-44　求务　2015 年 3 月 1 日摄于龙州县民建村

（五）[kʰwan¹na²] 田魂

即田魂节。[kʰwan¹]即"生日"，[na²]即"水田"。"田魂节"是壮族生产性节日，每年农历六月以后，大新及龙州县各地农村开始过"田魂节"，各地过节时间不同，龙州县有的农村田魂节为农历六月十九日，有的为农历八月初九；大新县农村的农历十月初二为田魂节。这一天，各家杀鸡宰鸭，做糍粑、米粉等，人们还到田边地头上点香烛，摆祭品，烧纸钱祭田魂，以报答耕田为他们生产稻谷。20世纪50年代以后，这一节日习俗演变为[ɬaːi²mə²tsit⁷]"洗手节"，意为秋收农忙已结束，把所有的农具洗净收藏，进入农闲时节。

图6-45　拜田魂　2015年8月7日摄于龙州县横罗村

（六）[kʰwan¹vaːi²] 牛魂

即牛魂节。[kʰwan¹]即"生日"，[vaːi²]即"水牛"。壮族的"牛"分[vaːi²]"水牛"和[mɔː²]"黄牛"两种，因此"牛魂"也可以说[kʰwan¹mɔː²]。

牛魂节是壮族传统生产性节日，流行于龙州、大新、扶绥等县。各地的牛魂节日期不完全相同，大致为农历四月初八、五月初七、六月初六、七月初七，等等。牛是农家的主要畜力，因此农家每年要给牛过节。各地牛魂节的内容不同，主要是给牛栏打扫一新，铺上干草，并在牛栏门口插上柳条、枫树枝等，在门框上贴一小张四方形红纸。将牛带到河里，为其刷洗干净。给牛解缰脱轭，不能打、骂牛，让牛休息，还要用青草、稀粥、糯米团等喂牛，给牛唱赞歌。各家包粽子、做糍粑、榨米粉、杀鸡鸭等庆贺，餐前要到牛栏前摆上祭品、烧香及纸钱，酬谢牛的辛苦劳作。

图 6-46 拜牛 2017 年 9 月 4 日摄于龙州县武联村

（七）[kin¹kʰau³mai⁵] 吃新米

即尝新节。[kin¹] 即"吃"，[kʰau³] 即"米"，[mai⁵] 即"新"。是左江流域一带壮族的农事祭祀节日。各地过此节的时间不一致，如崇左市江州区农村尝新节为农历六月初六，各家杀鸡鸭、烤猪、做米粉、糯米饭、糍粑，庆贺新粮丰收。宁明县农村农历十月十日为尝新节，各家各户杀鸡鸭、做红、黄、青、白色糍粑等聚餐，庆贺收镰。大新、天等县十月间为尝新节，农家榨米粉、蒸糯米饭、杀鸡，供祖先、土地神、灶王等诸神。

图 6-47　洗新米　2017 年 8 月 7 日摄于龙州县双蒙村

图 6-48　尝新节美食　2016 年 7 月 15 日摄于宁明县濑江村

(八) [tsit⁷pʰi¹] 鬼节

图 6-49 以鸭祭祖 2016 年 8 月 3 日摄于龙州县高山村

图 6-50 鬼节美食 2017 年 9 月 4 日摄于大新县万礼村

［tsit⁷］即"节"，［pʰi¹］即"鬼"。因节日时间为每年农历七月十四日，又称［tsɛt⁷ŋut⁸ɬip⁷ɬi⁵］"七月十四"。"鬼节"一般为农历七月十三至十五日，过节期间，家家户户杀鸡宰鸭，备有猪肉、烧酒、做米粉、糍粑、蒸五色糯米饭等，用于祭拜祖宗，其中鸭是必备品，因有鸭善凫水，能接送祖先神渡江河之说，"鬼节"因此又有［tsit⁷kin¹pɛt⁷］"吃鸭节"之称。

（九）［kʰwan¹kun¹jam¹］观音诞

［kun¹jam¹］即"观音"，观音诞是左江流域壮族传统节日。每年农历二月十九日，各地分别举行观音诞节日活动。是日，村民集资购买猪、鸡、鸭、酒等供品祭观音庙，抬观音神像巡街，举行抢花炮、游园、文艺演出等活动。

图 6-51　抬观音神像巡街　2016 年 3 月 27 日摄于大新县宝圩乡

（十）［tsit⁷ɬau¹kʰau³］收谷节

即丰收节。［tsit⁷］即"节"，［ɬau¹］即"收"，［kʰau³］即"米、谷"。各地过丰收节的日子在农历十月之间，有的地方在十月初十过节，称［tsit⁷ɬip⁷tsʰiŋ²］"十成节"，意指收成"十足"。有的地方在农历十月初九至二十九择一天过节，其中经初九、十九、二十九三个含九的日子，故亦称［tsit⁷ɬaːm¹kau³］"三九节"。有的地方在十月二十日过丰收节，故亦称［ɬip⁷ŋut⁸ji⁶ɬip⁷］"十月二十节"。在节日那天，外地亲戚不用通知都自然到来捧场，即使是陌生的过路人，只要碰上也随便到场参加宴席。这个节日，谁家客人越多越表明他家亲戚朋友多，门路广，相反，谁家要是冷清，就证明他们家不兴旺。有的地方过收谷节还祭拜祖坟，祈求保佑来年再获丰收。

图 6-52　丰收节聚餐　2016 年 11 月 9 日摄于龙州县民建村

二　纪念节日

（一）［ɬjaːŋ¹kaːŋ⁵］霜降节

壮族"霜降节"是一个民间纪念节日。大新县下雷镇被认为是霜降节的源起之地，霜降节的来源与壮族人民的反侵略斗争传统有关。相传明末清初，靖西市湖润土司岑怀水的女儿岑玉音嫁给大新县下雷土司许文英，夫妇二人于清末一道骑牛去抗寇，胜利归来时正值"霜降"日，下雷家家户户张灯结彩，敲锣打鼓，舞龙舞狮，以示庆贺。当地乡民因岑玉音骑黄牛去抗寇而称其为 [mɛ⁶ja⁶mɔ²] "乜娅莫"，壮语 [mɛ⁶ja⁶] "乜娅" 是对妇女的尊称，[mɔ²] 即 "黄牛"。逢霜降日乡民们抬着岑玉音骑牛上阵的神像举行游神活动，以表达对巾帼英雄岑玉音的敬仰。节庆由此而来，已有三百多年历史。霜降节目前流行于左江流域中越边境的大新、天等、靖西等县市，2010 年壮族霜降节被批准为第三批广西壮族自治区区级非物质文化遗产名录。

[miu⁶ja⁶mɔ²] 庙娅莫

即 "玉音庙"。当地壮民专门建立一座庙以纪念岑玉音。

(二) [kʰwan¹fuk⁷pʰɔ¹] 伏波诞

即龙州伏波将军诞辰纪念日。东汉伏波将军马援于建武十六年（公元 40 年）奉诏南征，平定叛乱。为纪念伏波将军的丰功伟绩，龙州县壮民于伏波将军在左江源头南岸上屯兵之地，建起伏波庙，并于每年伏波将军诞辰日即农历四月十三日举行纪念活动。

图 6-53　游娅莫　2016 年 10 月 23 日摄于大新县下雷镇

图 6-54　游娅莫前的祭祀活动　2016 年 10 月 23 日摄于大新县下雷镇

图 6-55　庙娅莫　2016 年 10 月 23 日摄于大新县下雷镇

图6-56　伏波庙　2015年5月30日摄于龙州县城

[paːi⁵fuk⁷pʰɔ¹]　拜伏波

每年农历四月十三日，数万名群众自发性地向伏波庙涌来，庆贺伏波将军的诞辰。

图6-57　当地群众自发来拜伏波　2015年5月30日摄于龙州县城

[kum¹jaːŋ¹] 烧香
在伏波庙前上香朝拜。

图 6-58　烧香　2015 年 5 月 30 日摄于龙州县城

[mu³ɬai¹] 舞狮
烧香点蜡后，即开始舞狮庆贺伏波诞辰纪念日的到来。

图 6-59　舞狮　2015 年 5 月 30 日摄于龙州县城

图 6-60　做法　2015 年 5 月 30 日摄于龙州县城

[kim¹]　金

[kim¹]"金"是用各种彩色锡纸做成古代的金银元宝。一大早一群妇女就挑来精心制作的[kim¹]"金"前来祭拜。

图 6-61　金　2015 年 5 月 30 日摄于龙州县城

图 6-62 挑金排队祭拜　2015 年 5 月 30 日摄于龙州县城

[ma⁴] 马

用纸做的马。当年伏波将军南征时，"马"是不可缺少的作战工具。因此，每年的祭品必然少不了用彩纸做成的"马"。

图 6-63　纸马　2015 年 5 月 30 日摄于龙州县城

［taŋ¹jɔːk⁷ŋau⁴］ 莲花灯
用于放入河流祭祀。

图 6-64　莲花灯　2015 年 5 月 30 日摄于龙州县城

［paːi⁵］ 拜
人们或挑或捧［kim¹］"金"在伏波将军像前绕圈祭拜。

图 6-65　挑"金"在伏波将军像前绕圈祭拜　2015 年 5 月 30 日摄于龙州县城

图 6-66 捧"金"在伏波将军像前绕圈祭拜 2015 年 5 月 30 日摄于龙州县城

[kum¹ɬə³] 烧衣

即把祭拜过的 [ɬə³]"衣"、[kim¹]"金"、[ma⁴]"马"等各种祭品在庙前焚烧，让这些祭品化为烟雾送给在天上的伏波将军。

图 6-67 把"金"、"衣"堆在一起，准备燃烧 2015 年 5 月 30 日摄于龙州县城

图 6-68　烧金　2015 年 5 月 30 日摄于龙州县城

图 6-69　烧马　2015 年 5 月 30 日摄于龙州县城

[kʰau²fuk⁷] **求福**

即祈福。人们排队过祈福门，人们相信穿过祈福门后，所求的愿望都能实现。

图6-70 求福 2015年5月30日摄于龙州县城

[tu¹fuk⁷] 福门
它只是一个庙的模型，上面贴有祈福的字。

图6-71 福门 2015年5月30日摄于龙州县城

[mε⁶ja⁶] 乜娅

在伏波庙堂祭拜结束后，人们还要到左江边去举行祭拜，出发前，要由一名当地德高望重的老年妇女引路，这位老年妇女被称为[mε⁶ja⁶]"乜娅"。

图 6-72　乜娅准备引路　2015 年 5 月 30 日摄于龙州县城

[jan³lɔ⁶] 引路

即带路。由"乜娅"带路到左江边，并点燃香及蜡烛，表示江边的祭祀活动开始。

图 6-73　乜娅点燃香烛　2015 年 5 月 30 日摄于龙州县城

[kʰai¹lɔ⁶] 开路

"乜娅"引路后,再由佛道神职人员鸣锣带领众人到江边,称 [kʰai¹lɔ⁶] "开路"。

图 6-74　开路　2015 年 5 月 30 日摄于龙州县城

[puːŋ⁵ɬɐŋ¹] 放生

把鱼、鸭等动物放入水中,回归自然。先由佛道神职人员鸣锣、喃经、画符,然后才放生。

图 6-75　放生　2015 年 5 月 30 日摄于龙州县城

[vɛk⁸] 画

即画符。由佛公用一支点燃的香在鸭子身上画圈念咒。

图 6-76　画符　2015 年 5 月 30 日摄于龙州县城

[ɬɛŋ¹] 牲

放生的动物一般为会游泳的动物如 [pja¹] "鱼"、[pɛt⁷] "鸭" 等，称 [ɬɛŋ¹] "牲"。

图 6-77　牲　2015 年 5 月 30 日摄于龙州县城

[puːŋ⁵va¹] 放花

伏波将军南征时，曾驻扎在左江源头一带，人们把在伏波庙祭拜过的莲花灯放到左江上，任其漂流，以此缅怀伏波将军安边定国的丰功伟绩，同时也祈求美好的愿望。

图6-78　放花　2015年5月30日摄于龙州县城

（三）[tsit⁷pʰaːu⁵va¹] 花炮节

流行于崇左市左州镇。据《崇左壮族习俗》①载，广西崇左左州镇金山寺建于清朝康熙三十一年（即公元1692年），于翌年观音诞辰日即农历二月十九日在寺里立观音像。从此每年农历二月十九日，当地百姓就到金山寺向观音求子求福。求子俗称求花，后来就以花为鸣炮来举行抢花炮文体活动，这就是花炮节的来由。每逢花炮节，左州全城舞龙、舞狮、舞麒麟伴观音出游祈福，开展文艺演出，对山歌和举办精彩激烈的抢花炮比赛，四面八方的游客来到金山祝福祭祀，观赛事，与亲朋好友聚会，其乐融融，热闹非凡。

---

① 崇左市政协文史和学习委员会编：《崇左壮族习俗》，南宁市开源彩色印刷有限公司2008年版，广西内部资料性出版物准印证号：0007012，第164页。

图6-79 花炮节抢花炮比赛 2015年4月7日摄于崇左市左州镇

[jau²kun¹jam¹] 游观音

图6-80 游观音 2015年4月7日摄于崇左市左州镇

陆　节日节庆

[jau²luŋ²] 游龙

图 6-81　游龙　2015 年 4 月 7 日摄于崇左市左州镇

[jim³tsʰat⁷] 演出
即文艺演出。

图 6-82　演出　2015 年 4 月 7 日摄于崇左市左州镇

[va⁶ɬi¹] 对山歌

花炮节那天也是旧朋好友们难得相聚的日子,很多壮民趁机对歌聊天。

图6-83　对山歌　2015年4月7日摄于崇左市左州镇

图6-84　对山歌　2015年4月7日摄于崇左市左州镇

[paːi⁵miu⁶] 拜庙
在庙门口烧香祭拜。

图 6-85　拜庙　2015 年 4 月 7 日摄于崇左市左州镇

[kʰau²kun¹jam¹] 求观音
即向寺里的观音求子求福。

图 6-86　求观音　2015 年 4 月 7 日摄于崇左市左州镇

[ɬə⁴kʰau³] 买米

寺里专门有一个老人卖米，人们一般会从老人那里买1—2斤米，用于供奉观音。

图 6-87　买米　2015 年 4 月 7 日摄于崇左市左州镇

[kum¹jaːŋ¹] 烧香

图 6-88　烧香　2015 年 4 月 7 日摄于崇左市左州镇

[kum¹tsi³] 烧纸
[kum¹ɬə³] 烧衣

图 6-89　烧纸、衣　2015 年 4 月 7 日摄于崇左市左州镇

[ʔau¹tsʰim¹] 要签
即求签。

图 6-90　要签　2015 年 4 月 7 日摄于崇左市左州镇

柒　日常生活用具

一　厨具

[tiŋ¹kɔ¹] 鼎锅

铁制品，主要用于煮饭。上口径小，尖圆底，腰身突出（鼓出），因为此锅全材料为生铁，长期不使用会有点生锈。

鼎锅出现在民国初期至20世纪80年代，左江流域一带壮民煮东西大部分使用此锅，大一点的鼎锅用于煮猪食，小鼎锅是用来煮人们自己吃的米饭。20世纪80年代以后，鼎锅慢慢被废弃，现已基本消失。

图7-1　鼎锅　2014年2月5日摄于大新县下雷镇新湖村

[mɔ¹] 锅
用于煮饭、烧水等。主要有锑锅和铝锅。

图 7-2　锑锅　2017 年 2 月 22 日摄于大新县大岭村

图 7-3　铝锅　2016 年 3 月 9 日摄于龙州县武德村

[naːm³] 木勺

用竹制成的舀饭工具。左江流域壮族称"女婿"为 [mɛk⁷naːm³]，即"扛木勺"，之所以有此称谓，是因为壮族曾流行"入赘婚"，作为入赘的女婿一般来自贫穷家庭，嫁到女方家后，地位低下，不仅要承担家里的重活，还要端茶端饭侍候女方家人，尤其是在全家围桌吃饭时，女婿负责替家人装饭，而装饭的勺子就是木勺，故得此称谓。

图 7-4　鼎锅和木勺　2017 年 8 月 4 日摄于龙州县武联村

[hɛk⁷] 锅头

分大锅头和小锅头，大锅头称为 [hɛk⁷luːŋ¹]，用于大家族聚餐时炒菜，也有用于煮猪食。小锅头称为 [hɛk⁷ʔɐŋ¹]，用于小家庭炒菜。

[kʰɔ¹tsʰaːn¹] 锅铲

炒菜用的铁铲。

[lɛ²] 木铲

木制品。炒花生、黄豆、米花常用的木耙。

[tsʰa¹] 木叉

木制品。一根有叉的木枝经修理而成，是托蒸盘及搅拌玉米粥的工具。

图 7-5　锅头。锅中由上至下分别为木叉、木铲、铁铲　2015 年 10 月 3 日摄于大新县大岭村

[tʰɔːk⁷] 托

即托盘，铝或铁制品，蒸米粉、年糕及糍粑的工具。

图 7-6　托　2017 年 7 月 30 日摄于扶绥县龙头乡

[vaːt⁷] 勺

舀粥的工具。

图7-7　勺　2017年7月30日摄于扶绥县龙头乡

[tsʰəŋ¹] 甑

木或陶制品，蒸糯米饭用。木甑称[tsʰəŋ¹mai⁴]，陶甑称[tsʰəŋ¹tʰaːu²]，呈上大下小状，两侧有耳方便端持，有盖，底部有镂空底盘让蒸气透过。

图7-8　木甑　2015年4月7日摄于崇左市左州镇

图7-9　陶甑（见彩图34）　2014年1月26日摄于大新县大岭村

［tʰuːt⁷］竹盖
［tsʰɔŋ²pʰɛ¹］竹桌

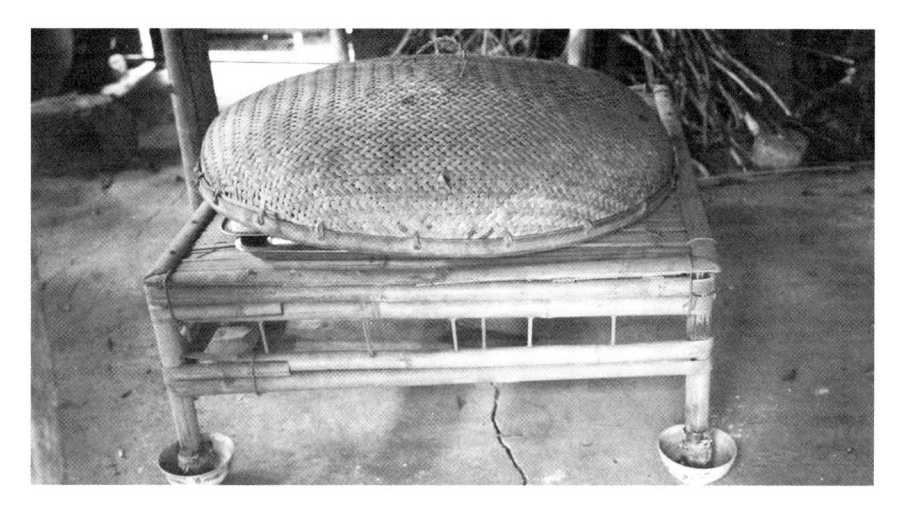

图7-10 竹盖和竹桌（见彩图32） 2015年7月8日摄于大新县全茗镇

［naːm³pjau²］灰铲
［muk⁸fai²］吹火筒
［kʰɛm²］火钳

图7-11 从左至右依次为灰铲、吹火筒、铁钳 2014年1月27日摄于大新县大岭村

[kʰəp⁷] 竹夹

竹制品。[tʰuk⁷]"竹篾"经烤火弯成。用于夹柴火。

图7-12 竹夹 2017年8月7日摄于龙州县武联村

[pja⁴pʰjak⁷] 菜刀
[kʰɛŋ¹] 砧板

图7-13 菜刀和砧板 2018年1月28日摄于龙州县横罗村

[tʰak⁷pja⁴] 刀架
木块中间掏空，用于插刀。

图 7 - 14　刀架　2016 年 10 月 3 日摄于大新县大岭村

[kja⁵hɛk⁷] 锅架
用木料钉成一个方框架子，放锅用。

图 7 - 15　锅架　2015 年 2 月 27 日摄于龙州县响水镇

[kiŋ²] 三角架

铁制品。用于架锅，底下烧火。

图 7-16　三角架　2014 年 1 月 27 日摄于大新县大岭村

图 7-17　架大锅的三角架　2016 年 7 月 15 日摄于宁明县濑江村

[lən²tʰui³] 碗柜

[lən²] 即"房"，[tʰui³] 即"碗"。由木料或竹料做成。主要用于装碗碟。

图7-18　木碗柜　2015年10月3日摄于大新县大岭村

图7-19　竹碗柜（见彩图33）　2017年1月30日摄于靖西市旧州镇

［muk⁸tʰu⁵］筷筒

［muk⁸］即"竹筒"，［tʰu⁵］即"筷子"。在20世纪80年代之前多用大竹节做成，之后代之以塑料筷筒和陶筷筒。

图7-20　从左至右依次为：塑料筷筒、陶筷筒　2014年1月27日摄于大新县万礼村

[taːŋ⁴lau³] 酒筒

取一节竹筒，筒上面挖一个孔，方便倒酒，用玉米芯的尖头部分做塞子，称 ba [pʰa¹]。

图 7 - 21　酒筒　2014 年 2 月 5 日摄于大新县新湖村

[mat⁷] 量米筒

用大竹节做成，量米用。

图 7 - 22　量米筒　2017 年 8 月 7 日摄于龙州县武联村

[lɔŋ²] 挂篮

竹制品。也称 [liu⁵]。把一些吃不完的食物放入挂篮，防虫蚁。

图 7-23　挂篮　2014 年 1 月 27 日摄于大新县大岭村

[maːt⁸kʰin¹] 炊帚

山上有一种叫 [laːu²] 的植物，可用于刷洗灶台、锅、水池等。

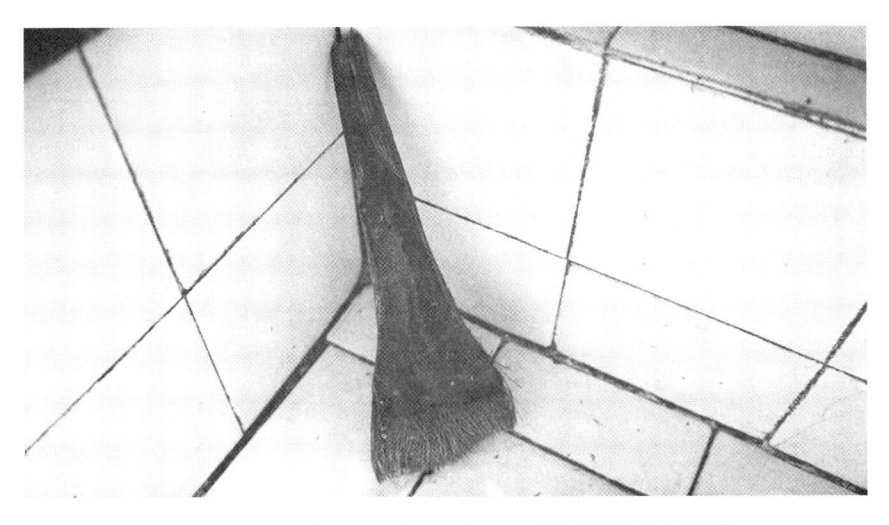

图 7-24　炊帚　2016 年 12 月 14 日摄于崇左市江州镇

[luŋ⁵kwɛ¹] 瓜瓢

老水瓜晒干、剥皮后，其瓢可用于洗碗。

图7-25　瓜瓢　2017年8月7日摄于天等县种典村

[pʰit⁷] 瓮

陶制品。体形扁鼓，较大，用于装酒、米、腌制食品等。

图7-26　瓮　2014年1月27日摄于大新县大岭村

[ʔɔm¹] 坛、罐

陶制品。体形较小，用于腌酸的称为 [ʔɔm¹ɬum³] "酸坛"，用于装酒的称为 [ʔɔm¹lau³] "酒罐"，用于装油的称为 [ʔɔm¹ju²] "油罐"，用于装盐的称为 [ʔɔm¹tsə¹] "盐罐"。

图 7-27 酸坛 2017 年 8 月 10 日摄于宁明县濑江村

图 7-28 酒罐 2014 年 1 月 27 日摄于大新县大岭村

[tsʰət⁷] 谷筐

竹篾编成的大筐，用于装稻谷。

图 7-29　谷筐　2015 年 2 月 27 日摄于龙州县民建村

[tsʰaːŋ¹kwi⁶man²] 圆谷桶

用木板围成一个圆形桶，体形较大，上大下小，装稻谷用。

图 7-30　圆谷桶　2016 年 3 月 27 日摄于崇左市江州镇

[tsʰaːŋ¹kwi⁶] 谷阁

用木板制成的方形或梯形阁子，阁子搭成谷阁，每阁高约 30 厘米，用于装稻谷。

图 7-31　方形谷阁　2016 年 2 月 6 日摄于天等县种典村

图 7-32　梯形谷阁　2015 年 5 月 6 日摄于崇左江州区那贞村

[ka:ŋ¹nam⁴] 水缸

陶制品。体形较大，装水用。

图 7-33　水缸　2015 年 4 月 22 日摄于龙州县勤江村

[tʰuŋ³mai⁴] 木桶

用木片转成桶身，有大耳，挑时要用绳子系上桶耳，或用带钩的扁担钩起。这种木桶 20 世纪 80 年代以前在壮家还比较多见，用于挑水、淋菜、装粪水等，现在已基本消失。

图 7-34　木桶　2014 年 8 月 5 日摄于崇左市江州镇

[paːt⁷] 木盆

木制品。较扁小，有耳，方便提起。这种木盆，20世纪80年代以前在壮家还比较多见，用于装洗脸水，现在已基本消失。

图7-35　木盆　2014年8月5日摄于崇左市江州镇

二　卧具

[ɬaːŋ²] 床

左江流域壮家人喜欢睡床，床一般用木料制成方框架子，宽1—2米，高60—90厘米。[pɛn³]"床板"铺在架子上，床上一般要架[ɬət⁷]"蚊帐"，铺[fuk⁷]"席子"，放[mɔn¹tʰu¹]"枕头"及[fa²]"被子"，壮族对床上的铺盖如棉被、床单、毛毯等均统称为[fa²]"被子"。床底露空，主要放置[haːi²]"鞋子"。

[ʔə¹] 摇篮

竹条或藤条编织而成。摇篮的两边拴上绳子，挂在一根横木上，方便摇晃，让婴儿入睡。

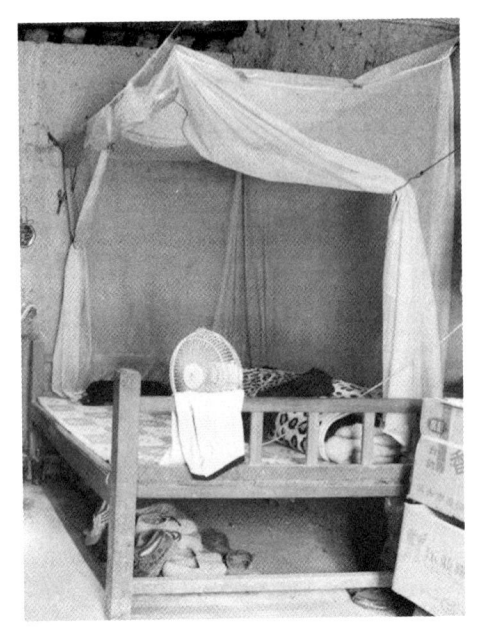

图 7 - 36　床　2015 年 5 月 6 日摄于崇左市江州镇那贞村

图 7 - 37　摇篮　2015 年 2 月 23 日摄于大新县板价村

三　家具

[tsʰɔŋ²] 桌子

桌子的种类较多，统称为 [tsʰɔŋ²]。

放在厅堂的案子，即狭长的桌子和八仙桌都称为 [tsʰɔŋ²taːi²]。它们主要用来摆放祭祖的东西，因此也称 [tsʰɔŋ²paːi⁵kuŋ¹tsɔ³] "祭祖台"。

吃饭用的桌子有竹制和木制之分。竹方桌称 [tsʰɔŋ²pʰɛ¹]；木方桌称 [tsʰɔŋ²mai⁴]；木圆桌称 [tsʰɔŋ²pjau²ŋaːi²]。

[taŋ⁵] 凳

是壮族对坐类工具的统称。有靠背的小木凳称 [taŋ⁵ʔi³]；没有靠背的小木凳称 [taŋ⁵tɔk⁷tʰau²]。

[taŋ⁵tsʰɔŋ²taːi²] 老椅

即太师椅，原为官家之椅，是权力和地位的象征，放在家庭中，也显示出主人的地位。清末民初，老椅在富裕人家中常见，新中国成立以后逐渐消失。

图7-38　长桌和八仙桌　2014年1月27日摄于大新县大岭村

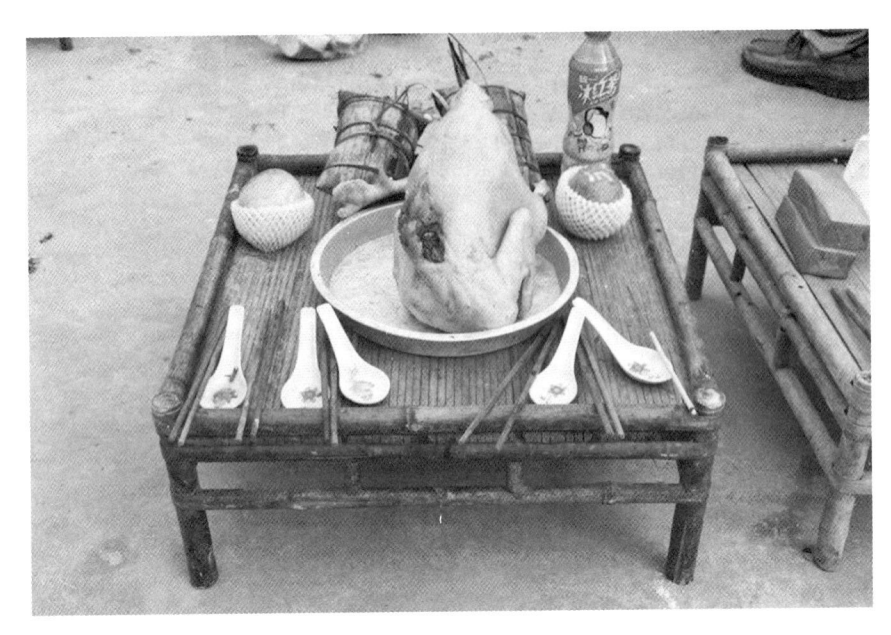

图 7-39　竹方桌　2017 年 2 月 7 日摄于龙州县双蒙村

图 7-40　木方桌　2014 年 8 月 5 日摄于崇左市江州镇

柒　日常生活用具

图7-41　木圆桌　2015年3月1日摄于龙州县民建村

图7-42　有靠背的木凳　2015年3月1日摄于龙州县民建村

图 7-43　无靠背的木凳　2015 年 3 月 1 日摄于崇左市江州区那贞村

图 7-44　老椅　2014 年 8 月 5 日摄于崇左市江州区

[ləŋ²ɬaːŋ²] 凉床

即躺椅。用竹子编织而成，夏日午后躺在上面休息，凉爽又舒服，故得此名。近年来越来越少见了。

[ʔi³pʰɛ¹] **竹椅**

即用竹子编的小椅子。

图7-45　凉床　2014年1月7日摄于大新县大岭村

图7-46　竹椅　2015年3月15日摄于崇左市左州镇

[tsʰɔ²laːn²] **儿童椅**

一种婴儿车，小孩坐在里面，可固定身体。

[tən¹ju²] **草凳**

壮家人用稻草编成的一种小凳。

[taŋ⁵tu¹] **门凳**

壮家门口边一般会有一个木凳或石凳，方便家人尤其是老人坐在门口干点杂活或与人聊天。木凳称为[taŋ⁵mai⁴]，石凳称为[taŋ⁵tʰin¹]，又因石凳多为废弃的承顶岩，因而又称[taŋ⁵ɬaːŋ²]。

图 7-47　儿童椅　2014年1月27日摄于大新县大岭村

图 7-48　草凳　2017年8月4日摄于龙州县武联村

图 7-49　壮家人坐草凳干活　2017 年 4 月 15 日摄于大新县万礼村

图 7-50　摆在门口的木凳　2017 年 2 月 7 日摄于龙州县双蒙村

图7-51 利用废弃的承顶岩做的石凳　2017年1月30日摄于靖西市旧州镇

图7-52 门口的长形石凳　2017年1月30日摄于靖西市旧州镇

[ɬəŋ¹] 箱

木制品。昔时壮家人没有衣柜，多用木箱来装衣服。木箱多用黑色或红色油漆涂外表，也有用树皮贴外表的。

柒　日常生活用具

图 7 - 53　用油漆涂外表的木箱　2015 年 3 月 17 日摄于扶绥县渠黎镇

图 7 - 54　用树皮贴外表的木箱　2014 年 8 月 5 日摄于崇左市江州镇

四　其他生活用具

[ɬaːu¹pat⁷] 扫帚

壮族农家的扫帚可以用很多材料来做成，一般有竹子做的，称 [ɬaːu¹pat⁷mai⁴tʰaːŋ¹] "竹帚"；棕绳做的称为 [ɬaːu¹pat⁷kaːp⁷liŋ²] "棕帚"；麦穗做的称为 [ɬaːu¹pat⁷mɛk⁸ma⁴] "麦帚"；有稻草做的，称为 [ɬaːu¹pat⁷ju²] "草帚"。

图 7-55　棕帚　2015 年 4 月 14 日摄于凭祥市区

图 7-56　麦帚　2015 年 4 月 22 日摄于龙州县勤江村

[kʰwɛŋ⁶] 烤火笼

竹制品。可手提,边烤火边走。现在这种用具基本消失。

图 7-57　烤火笼　2014 年 1 月 27 日摄于宁明县那小村

[kja⁵hɔi³] 挂架

用木钉钉在一长条木块上形成的一种用于挂物的架子。

图 7-58　挂架　2015 年 5 月 20 日摄于凭祥市友谊镇

[kɛp⁸nu¹] 老鼠夹

用于捉老鼠的小铁夹。

图 7-59　老鼠夹　2015 年 5 月 20 日摄于凭祥市友谊镇

[tʰuŋ²jin¹] 烟筒

即烟斗。

图 7-60　烟筒　2015 年 7 月 20 日摄于宁明县宠密村

[ʔan¹vi¹] **梳子**

如前所述，[ʔan¹] 在壮语里是"个"，量词；[vi¹] 是"梳理"，动词。动词"梳理"与量词"个"结合，表示用于梳头发的梳子。

图 7-61　梳子　2016 年 4 月 20 日摄于扶绥县渠旧镇

[maːk⁸tat⁷] **剪刀**

[maːk⁸] 即"（一）把"，量词；[tat⁷] 是"剪"，动词。动词"剪"和量词"把"结合，表示剪刀。

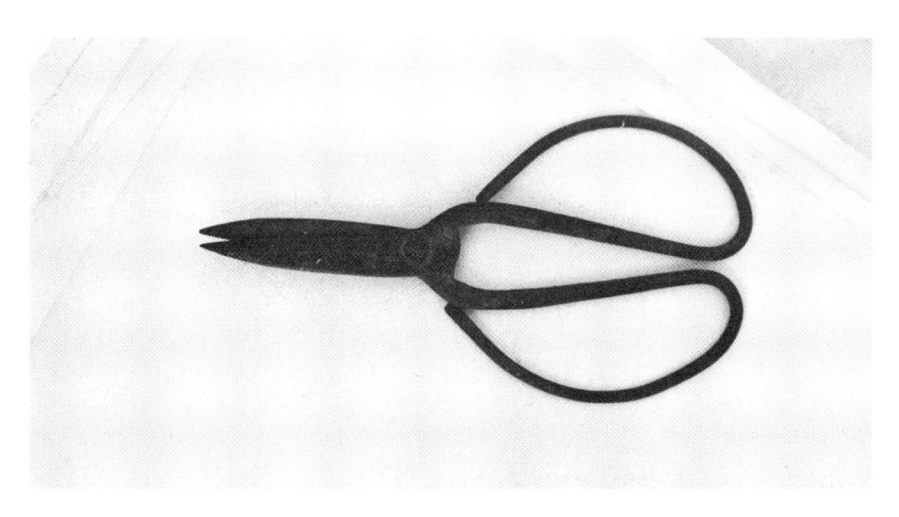

图 7-62　剪刀　2015 年 10 月 3 日摄于大新县大岭村

［mai⁴ɬaːu¹］ 晒衣杆

左江流域壮家人习惯在屋外架一条竹木来晒衣服。

图7-63　晒衣杆　2015年2月22日摄于大新县板价村

［tsəŋ³］ 伞

左江流域壮族妇女出门习惯带一把伞。昔时，人们带的雨伞主要是黑色布伞，现在花色比较多。雨伞不仅能遮风挡雨，也是美的装饰。

图7-64　壮族妇女打伞　2017年8月1日摄于大新县万礼村

[vi²] 扇子

又称[tap⁷na¹]"竹壳"。左江流域壮家人把竹壳压平后再用剪刀修边即成一把扇子。

图 7-65　扇子　2017 年 8 月 6 日摄于龙州县武联村

捌　文化艺术

一　舞蹈戏剧

[mu³hun⁴tsɔŋ¹]　擂鼓舞

[mu³] 即"舞",[hun⁴] 即"打",[tsɔŋ¹] 即"鼓"。擂鼓舞是老人死后入殓前在门前庭院表演的一种祭祀性舞蹈。据传说,古代时流行人死后由村民分食其肉的习俗,一名壮族男孩在放牛时,看到母牛产仔的痛苦状,联想到母亲生自己时的苦情,不忍心母亲死后被人分食,想出杀牛宴请村民,擂鼓安葬母亲的办法,得到村民的赞同。从此,人死后都要擂

图 8-1　擂鼓舞　2016 年 7 月 15 日摄于宁明县濑江村

鼓作舞为死者出殡安葬，代代相传，沿袭至今。该舞主要由男子表演，有的地方也由女子表演，乐队共有八人。表演者穿黑色或深蓝色衣裤。在表演场地前面以间隔一米左右将大鼓排成列。表演时演员手持系有红围巾的鼓槌，随着波咧乐曲的节奏，从后台开始交叉对打，而后跳至各自的鼓前，前后左右变换急剧摇鼓，不时跳跃点鼓。其主要动作有"顺拐单击鼓""交叉单击鼓"和"交叉双击鼓"等。流传于龙州、宁明、大新县交界一带壮族村寨。

[mu³kʰau²] **舞求**

[kʰau²] 即"求"。舞求是一种民间巫术舞蹈。昔时，秋后丰收，各村屯巫婆聚集一起跳起舞求，以求来年五谷丰登。舞求动作优美，内柔外刚，有"行马仰望""跪地抖铃""踏步转舞"等，加上铃声、琴声、歌声交织在一起，气氛热烈，乡土气息浓厚。主要流行于凭祥市中越边境一带农村。

图 8-2　舞求　2015 年 3 月 4 日摄于凭祥市上石镇

[mu³mai⁴ɬaːu¹] **竹竿舞**

[mai⁴ɬaːu¹] 即"竹竿"。竹竿舞是壮族传统舞蹈、体育活动项目。又

名 [tʰiu⁵maːi⁴ɬaːu¹] "跳竹竿"、[tək⁷maːi⁴ɬaːu¹] "打竹竿"。把两根竹杠平行排放在平地上，两杠相距 4 米。然后两杠上横放长约 5 米的八条竹竿，分为四组，每组一排，间隔约 70 厘米。八个人分为两排，分列竹竿两端，或蹲、或坐、或跪，每人双手各执一根竹竿顶端，成四组平行。场外一人或数人击鼓指挥。手操竹竿者按鼓点节拍，敲打竹竿，众人在竹竿中间左跨右旋地跳起来，按竹竿的四个空格，随着分合节拍的间歇，依次巧妙地前进或后退，翩翩起舞。以参加跳舞人数相应增加竹竿数量，可以七八个人跳，也可以上百人跳，称竹竿阵舞。

图 8 - 3　竹竿舞　2015 年 3 月 4 日摄于龙州县双蒙村

[mu³pɛn³] **板鞋舞**

[pɛn³] 即"板"。板鞋舞是崇左壮乡流行的一种娱乐项目。关于它的来源，据《崇左壮族习俗》记载，明嘉靖年间，为了改变广西狼兵纪律松弛的局面，提高其战斗力，土司罗武杰经常组织三人绑腿赛跑，胜者获奖。后发展为三人穿板鞋竞走，一直流传至今不衰。

图 8-4　板鞋舞　2015 年 2 月 23 日摄于大新县板价村

[muː³kukˀlaːŋ²] 打榔舞

[kukˀ] 即 "击打"，[laːŋ²] 即 "槽"，是壮族用来舂谷的一种器物，有的用木材做成，称 [laːŋ²mai⁴] "木榔"；也有的用石头做成，称 [laːŋ²tʰin¹] "石榔"。打榔舞是一种壮族民间的娱乐活动，自古有之，尤盛行于唐代，据清代康熙四十四年江森《粤西丛载》记述："广西有舂堂，以浑木刳为槽，一槽两边约十杵，男女间立，以舂稻粮，敲磕槽弦，皆有扁拍，槽声若鼓，闻于数里，虽思妇之巧弄秋砧，不能比其济亮也。"① 跳打榔舞蹈时，男女 6—10 人组成一队，每人手持一根木杵，唱着山歌，围着大谷榔，以整齐多变的动作节奏，敲打着木槽边缘，迸发出 "咚格咚咚" 的榔声，旋律优美动听。主要动作有：冲打、拖打、撩打、抬杠、点

---

① 引自崇左市政协文史和学习委员会编《崇左壮族习俗》（广西内部资料性出版物），广西南宁市开源彩色印刷有限公司 2008 年版，第 221 页。

杠等，以此动作为竞赛内容。

图 8-5　打榔舞　2016 年 10 月 22 日摄于天等县向都镇

图 8-6　打榔舞（见彩图 37）　2016 年 10 月 22 日摄于天等县向都镇

[mu³ɬaːm¹ɬin¹] 三仙舞

即三穿花舞。[ɬaːm¹] 即"三"，[ɬin¹] 即"仙"。是一种祝贺性强，气氛热烈的广场性舞蹈，一般在节日或喜庆日表演。此舞主要流行于扶绥县一带，相传远古时代，扶绥乡民备受干旱之苦，上天派了狮子、麒麟、凤凰三仙降福凡间，使得风调雨顺，五谷丰登。人们为了歌颂"三仙"功德，每逢佳节便用红绸、色纸糊扎成狮子、麒麟、彩凤，各由一人操作，一边来回穿花一边唱。后来当地贺喜、祝寿也采用这种形式，演唱曲调与采茶调大同小异，除拿道具的三人做较固定的舞蹈动作外，众人可帮腔齐唱，场面热烈。

图 8-7 三仙舞（见彩图 35） 2016 年 3 月 12 日摄于扶绥县城

[mu³kʰi²lan²] 麒麟舞

[kʰi²lan²] 即"麒麟"。麒麟舞是一种广场性舞蹈，麒麟是用竹篾编织成其形状，外表用纸裱糊，进而彩绘或贴上花边而成。舞蹈队员一般20人，主演 2—5 人。表演动作有碎步、动身摇手、半下蹲等，以"穿花""扭""龙摆尾"等动作改变其形。表演时，用采茶曲调演唱，锣、鼓、镲、二胡、笛子等乐器伴奏。每年农历正月初一至二月初二，麒麟舞蹈队

以走村串寨、穿街过巷的形式，逐户登门庆贺，主家均以"封包"相赐。主要流行于崇左市江州区一带。

图 8-8　麒麟舞（见彩图36）　2015年4月7日摄于崇左市左州镇

[mu³nɔk⁸]　雀舞

实际是白鹭舞，[nɔk⁸]是"雀"之意，当地壮语称白鹭为[nɔk⁸]"雀"，故得名。雀舞是一种仿照鹤的各种动作表演的舞蹈。雀舞的道具是用木头制作白鹭头，用布剪裁缝制白鹭身，画上白鹭的羽毛。表演时由演员套上雀舞的道具，仿白鹭在野外生活过程，有飞翔、觅食、戏水、梳羽等动作，场边有乐队敲打鼓点，有时还伴有一人唱的山歌。雀舞是一种表示庆贺的舞蹈，常见于春节、婚礼、祝寿等喜庆日子。主要流行于扶绥县一带。2016年入选第五批广西壮族自治区非物质文化遗产传统舞蹈类项目名录。

[mu³taŋ¹jɔːk⁷ŋau⁴]　莲花灯舞

莲花灯舞是左江流域壮族民间宗教祭祀消灾的一种舞蹈。这种舞蹈自古有之，大新县全茗镇穷斗山画岩内的明代摩崖造像，上面刻有跳这种舞蹈的舞者达两组。一般舞者 10—12 人，原是男性表演，后来改为女性表演，用的道具全部是莲花灯。此舞多在晚上表演，每人一盏或两盏灯，单手或双手托灯进行"卷田螺""单水圈""鲤鱼上滩""穿鸡肠"等各种圆形舞蹈。走路线时，舞步轻盈，犹如仙女下凡。舞完后，把灯放到小河或小溪，任其随波流去，意思是把灾难和邪恶送去，以保佑人们平安，六畜兴旺、五谷丰登。

图 8-9　雀舞（见彩图 38）　2017 年 3 月 4 日摄于扶绥县城

图 8-10　莲花灯舞　2015 年 4 月 17 日摄于扶绥县笃邦村

[mu³tək⁷tak⁷] 凳荡舞

凳荡舞流行于大新县，是当地壮族春节活动项目之一，其名源于竹棍敲击竹筒时发出的[tək⁷tak⁷]的声音。传说古代春节，乞丐们用喝水的竹筒塞进石子来讨吉利，这些动作后来由当地壮民发展成为具有祈福寓意的凳荡舞。

图 8-11 凳荡舞（见彩图39） 2015年2月23日摄于大新县板价村

[mu³nuŋ³] 簸箕舞

[nuŋ³]即"簸箕"。簸箕舞流行于大新、靖西市一带，道具是簸箕，舞蹈主要模仿日常生活中用簸箕劳动的动作。

图 8-12 簸箕舞 2015年2月23日摄于大新县板价村

[mu³tʰuŋ²tsʰɛn²] **铜钱舞**

[tʰuŋ²tsʰɛn²] 即"铜钱"。铜钱舞流行于大新宝圩乡一带，由男女演员10—12人表演。道具是把铜钱数十枚装入一条长约一米左右的竹棍，然后封口。表演者手拿竹棍在乐器轻声的指挥下，按节奏进行左、右、上、下、前、后花样舞蹈。相传该舞蹈于清代传入大新县中越边境壮族地区，由于传入时舞蹈动作简单，不好看，该地区老艺人在重新编排中加入了上山步和下山步动作，使整个舞蹈动作变化多样，优美活泼，舞步灵巧轻盈，铜钱相撞发出"沙沙"的声音。

图8-13 铜钱舞 2015年2月23日摄于大新县板价村

[mu³vaːi²] **春牛舞**

[vaːi²] 即"水牛"。又称 [tsʰəŋ⁵vaːi²] "唱牛"。流行于崇左市江州区、扶绥县等地，清末以后盛行。"春牛"用竹片纺织而成，牛头、牛角糊上棉纸，画上牛眼，牛身是用一块黑布或灰布绘上漩涡状毛纹。钻进布底的两人，一人在前撑牛头，一人在后弯腰、拱背、甩尾巴，后面由一个手拿犁架的壮民驱赶着"春牛"。春牛舞有贺年、使牛、插秧、斗牛、丰收等舞段，敲锣打鼓或击打竹筒做伴奏，以山歌形式演唱。春牛舞从最初的土牛迎春演变为一种群众性、娱乐性的歌舞形式，除贺新年外，男婚女嫁或新屋落成等喜庆日子，也表演春牛舞以助兴。

图8-14　春牛舞　2017年3月4日摄于扶绥县城

[mu³kɛp⁷tsʰa²] 采茶舞

左江采茶舞为壮族民间节庆舞蹈,又名"唱采茶""采茶剧",普遍流传于崇左壮族地区,主要是崇左市江州区以及扶绥县、龙州县。有两种形式,一种是集体舞,由二三十人组成,舞者有男有女,男者称茶公,女者称茶娘,手持彩扇或兰花灯、手帕等。由一两个茶公领着一群茶娘载歌载

图8-15　采茶舞　2017年3月4日摄于扶绥县笃邦村

图 8-16　乐队　2017 年 3 月 4 日摄于扶绥县笃邦村

图 8-17　茶公　2017 年 3 月 4 日摄于扶绥县笃邦村

舞。茶公动作幽默有趣，茶娘舞姿轻盈灵巧，热情欢快，富有生活气息。使用麒麟、凤凰等造型道具，小鼓、锣、镲、笛子、胡琴、唢呐等器乐伴奏。另一种是每年农历正月，三五名壮族舞者串村走寨，从在一张晒稻谷的竹篾垫上表演，发展为多人在广场、舞台上表演。有开台茶、收台茶、六月斗金花、麒麟灯、踢伞舞、铜钱舞、拜年歌等舞段，载歌载舞。2016年入选第五批广西壮族自治区非物质文化遗产传统戏剧类项目名录。

[$ts^həŋ^5t^hɔ^3$] 壮剧

[$ts^həŋ^5$] 即"唱"，[$t^hɔ^3$] 即"土"。壮剧是在壮族民歌、舞蹈、杂耍的基础上发展和形成的。主要流行于天等、大新县一带。因受提线木偶戏的影响，最初为唱做分开的"双簧式"演唱形式，后逐渐丰富发展为戏曲形式。图为天等壮剧《乜糯》，歌颂壮族传说中的女英雄"乜糯"。"乜糯"是壮语 [$mɛ^6na^4$] 的汉字记音，[$mɛ^6$] 即"母、女性"，[na^4] 即"姨、舅"。

图 8-18　壮剧《乜糯》　2016 年 10 月 22 日摄于天等县向都镇

[$ts^həŋ^5hi^5$] 邕剧

也称 [$hi^5kɛ^5$] "老戏"。[hi^5] 即"戏"，[$kɛ^5$] 即"老"。流传于左江流域壮族地区。据《崇左壮族习俗》载，此剧传入崇左市一带已有一百多年的历史。邕剧的行当、脸谱相似于粤剧。演唱的剧目与粤剧大体相同，唱腔多用广西的西南官话。20 世纪 50 年代后，粤剧传入，邕剧这古老剧种正慢慢消失。

图 8-19　邕剧《陈世美》　2015 年 4 月 17 日摄于扶绥县笃邦村

[tsʰəŋ⁵mat⁸lan²] **莫伦剧**

流行于靖西、天等、大新一带，源于巫婆跳神时唱的一种曲调，俗称[mat⁸lan²]"莫伦"。"莫伦"是壮语的汉字记音，[mat⁸] 即巫。[lan²] 即叙述，是叙说故事的巫调。后来人们运用这种巫调来说唱故事，甚至歌颂英雄传奇人物故事。图 8-20 为天等莫伦剧《拜囊海》。"囊海"是壮语[naːŋ²haːi¹]的汉字记音，[naːŋ²] 即"妻、嫂"，[haːi¹] 即"月亮"，[naːŋ²haːi¹] 意为"月亮娘娘"。

[mu³kɔːk⁷vaːi²] **牛角舞**

[kɔːk⁷vaːi²] 即"牛角"。是师公舞的一种形式，源于古代宗教祭祀歌舞——巫舞，主要流传于崇左江州区及扶绥县一带。因牛角是此舞表演中的主要吹奏乐器而得名。

图 8-20　莫伦剧《拜囊海》　2016 年 10 月 22 日摄于天等县向都镇

图 8-21　牛角舞　2017 年 3 月 29 日摄于崇左市江州镇保安村

二 民间乐器

[tiŋ¹] 天琴

[tiŋ¹] "天琴"是壮族古老的弹拨乐器，距今已有上千年的历史。它长约120厘米，琴杆为木制，雕龙纹。琴头雕凤形、帅印、太阳或月亮形，左右各置一根木制弦轴。琴筒用葫芦或麻竹筒制，呈半球状，厚约10厘米，并配以麻竹壳或薄桐木板为面，面径11厘米。木制或竹制琴码，张丝弦。琴体各部分可拆装组合。琴弦原本只有一弦，改良后可有2—4弦。至今在壮族民间宗教活动中，天琴仍是必不可少的法器。它因其娱乐性、独创性而逐渐转向器乐功能，如今天琴的弹唱和天琴的歌舞享誉海内外，成为壮族文化的一种品牌。左江流域各地民间都有天琴，尤其流传于中越边境布傣族群中。

[ja:k⁸] 铃铛

铃铛多用铜、银制作，原是宗教神职人员做法事的一种法器，后演变为天琴歌舞中一种不可缺少的乐器。

图8-22 法师弹天琴 2015年2月27日摄于龙州县民建村

图 8 - 23　天琴歌舞　2012 年 2 月 2 日摄于龙州县双蒙村

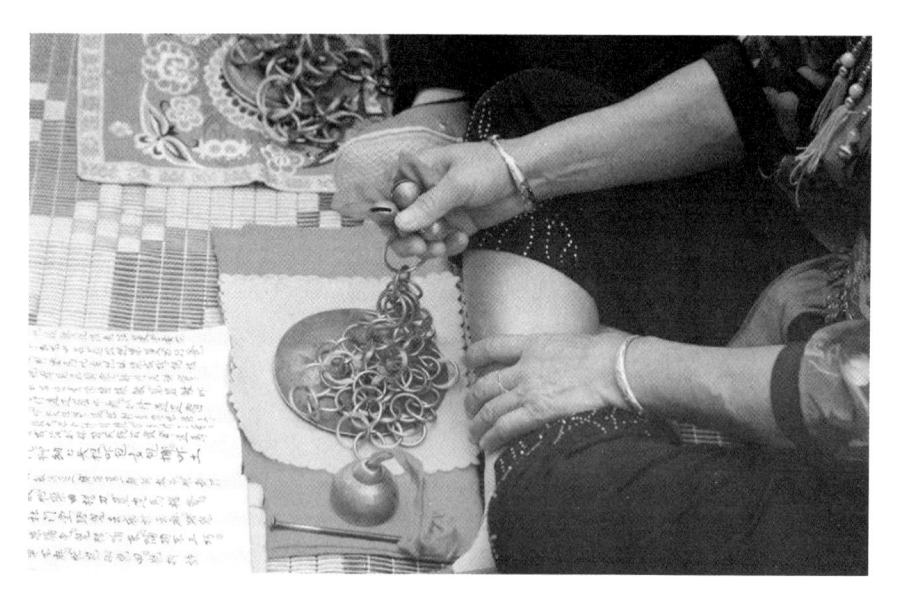

图 8 - 24　作为法器的铃铛　2017 年 4 月 11 日摄于大新县硕龙镇

图 8-25　男子天琴弹唱，女子手摇铃铛作伴奏　2015 年 8 月 3 日摄于龙州县板陋村

[tsɔŋ¹]　鼓

铜鼓是古代一种打击乐器，迄今已有 2700 多年的历史。最初铜鼓是作饮器之用（即釜），后才演变为敲击乐器。据刘恂《岭表录异》记载，壮族铜鼓有的"面阔丈余"，有的"厚（仅）二分以外"，"其身遍有虫、鱼、花、草之状（花纹）"。

铜鼓无底腹空，腰曲胸鼓。鼓面为重点装饰部分，中心常配以太阳纹，外围则以晕圈装饰，与鼓边接近的圈带上铸着精美的圆雕装饰物，最多的是青蛙，其次有骑士、牛橇、龟、鸟等。鼓胸、鼓腰也配有许多具有浓郁装饰性的绘画图案。这些图像都在模坯上用镂刻或压印技术制作而成。画像纹饰大抵分物像纹饰、图案纹饰两类。物像纹饰有太阳纹、翔鹭纹、鹿纹、龙舟竞渡纹和羽人舞蹈纹等；图案纹饰有云雷纹、圆圈纹、钱纹和席纹等。

图 8-26　铜鼓表演　2016 年 7 月 15 日摄于宁明县濑江村

图 8-27　铜鼓表演　2016 年 7 月 15 日摄于宁明县濑江村

［mai⁴hun⁴tsɔŋ¹］ 敲鼓棒
［tsɔŋ¹luːŋ¹］ 大鼓
［tsɔŋ¹ʔɛŋ¹］ 小鼓

图 8-28　拿敲鼓棒敲大鼓　2015 年 3 月 4 日摄于凭祥市上石镇

图 8-29　敲小鼓　2015 年 4 月 17 日摄于扶绥县笃邦村

[pɔ²lɛ²] 啵咧

又称［pi²lɛ²］"比咧"。这一乐器是人们拟其声而取其名，流行于龙州县金龙镇一带。其形似唢呐，又像双簧管，用荔枝木或桑木挖空制作，由管身、管头、哨嘴、喇叭构成，全长约40厘米，有七个音孔。使用场合很广，红白喜事皆有演奏。

图 8-30　吹啵咧　2015 年 4 月 17 日摄于扶绥县笃邦村

[tsʰa³] 镲

图 8-31　打镲　2015 年 4 月 17 日摄于扶绥县笃邦村

[la²] 锣

图 8-32　敲锣　2015 年 4 月 17 日摄于扶绥县笃邦村

三　舞台

[mu³tʰaːi²] 舞台

多用于说唱表演,因此称为 [tʰaːi²tsʰəŋ⁵hi⁵] "唱戏台";或称为 [tʰaːi²piu³jim³] "表演台"。多数舞台为露天,也有一些有 1 米左右的地基且盖顶。

图 8-33　舞台上表演　2015 年 2 月 27 日摄于龙州县民建村

图 8-34　舞台上表演　2015 年 2 月 21 日摄于大新县板价村

[tʰaːi²va⁶ɬi¹]　山歌台
用于山歌比赛，有的是露天，有的则砌地基且盖顶。

图 8-35　山歌台上比赛　2017 年 2 月 7 日摄于龙州县双蒙村

图 8-36　山歌台上比赛　2017 年 1 月 31 日摄于靖西市区

四　岩画

[pʰja¹laːi²] 花山

[pʰja¹] 即"山"之意，[laːi²] 即"花纹"之意，[pʰja¹laːi²] 直译为"花纹的山"，简称"花山"，实为"岩画"。这些岩画间断性地出现在左江流域沿江两岸的悬崖峭壁上，其中规模最大、图像最多的是宁明花山岩画。岩画均为赭红色颜料涂绘而成，各处岩画的风格、形象大致相同，图像以人物为最多，也有日、铜鼓、羊角纽铜钟、环首刀、长剑、短剑、矛、面具及一些马、犬、鹿、鸟等动物图像。

花山岩画系战国至东汉时期岭南左江流域当地壮族先民骆越人群体祭祀遗留下来的遗迹。岩画绘制年代可追溯到战国至东汉时期，已有 2000 多年历史，其地点分布之广、作画难度之大、画面之雄伟壮观，为国内外罕见，具有很强的艺术内涵和重要的考古科研价值。2016 年花山岩画申遗成功，成为世界文化遗产。

图 8-37　花山岩画　2016 年 7 月 15 日摄于宁明县明江河畔

图 8-38　明江河畔的花山岩画　2016 年 7 月 15 日摄于宁明县明江河畔

五 摩崖石刻

称为[kʰak⁷tʰin¹]"石刻",[kʰak⁷]即"刻",[tʰin¹]即"石"。位于大新县雷平镇安平村的会仙岩,洞内有一处崖壁上有十个石刻人物,分上下两排,每排五个,这些石刻人物为朝廷官员及侍从,是壮族土司文化的遗迹。

图 8-39 摩崖石刻 2017 年 8 月 1 日摄于大新县安平村

图 8-40 摩崖石刻 2017 年 8 月 1 日摄于大新县安平村

玖　民间体育与娱乐

一　民间体育

[tsʰəŋ³pʰaːu⁵jɔːk⁷] 抢花炮

抢花炮是左江流域壮族传统体育项目，具有强烈的对抗性和民族特点。当地壮民认为，抢到花炮便抢到吉利，预示着村寨平安，人畜兴旺，五谷丰登。

左江流域一带各地"抢花炮"比赛规则稍有不同。如崇左左州镇"抢花炮"的场地是一个像篮球场一样比较规范的场地，由两个队参加，每队八人左右，比赛中无论何方抢得炮环，可用传递、掩护、假运动、奔跑等方法，力图放进对方炮台区；另一方可用拦截、阻挡、追赶、搂抱、抢截等方法抢到炮环和阻止持炮环运动员前进。双方都有炮台区，炮台区内都有花炮篮。比赛时间为每场10分钟，共四场，以投入对方花炮篮的炮环总数多者为赢。被称为"中国式橄榄球赛"。

龙州县上金乡"抢花炮"的场地是在一片杂草丛生、有小河经过的田野上。炮台区只有一个，花炮篮就设在花炮台，比赛时间不论，也不分场次，哪方夺得炮环后，跑到炮台区并把炮环投入花炮篮中为赢，比赛随即结束。

宁明县的"抢花炮"是所有在场人员都可以参与抢花炮，不论比赛时间和场次，抢到炮环并跑到炮台区把炮环投入花炮篮中为赢，比赛随即结束。

图 9-1　抢花炮（见彩图41）　2015年4月22日摄于龙州县上金乡

图 9-2　抢花炮　2015年4月21日摄于宁明县城

[pʰaːu⁵jɔːk⁷] 花炮

花炮为用红绸缠绕的圆形铁环，置于送炮器上，靠引爆送炮器的冲力将铁环送上高空，待炮环降落时参赛队员互相争抢，以抢到炮环为胜。

图9-3　花炮　2015年4月7日摄于崇左市左州镇

[ɬai¹fu⁶] 师傅

即花炮手。抢花炮开赛时，由花炮手点燃花炮。

图9-4　师傅　2015年4月7日摄于崇左市左州镇

[laːm²pʰaːu⁵jɔːk⁷] **花炮篮**

花炮篮篮口内沿直径约 40 厘米，花篮高为 30 厘米的圆柱体，用竹编织而成。

图 9-5　花炮篮　2015 年 4 月 7 日摄于崇左市左州镇

[mu³ɬai¹mu³luŋ²] **舞狮舞龙**

舞狮舞龙是左江流域壮族民间深受欢迎的活动之一。舞狮称为 [mu³ɬai¹]，舞龙称为 [mu³luŋ²]。男女皆可做逗龙狮手，男的称为 [maːu⁵nuŋ¹]，女的称为 [ɬaːu¹nuŋ¹]。

逢年过节，人们都将请狮和龙来助兴，相传狮和龙到哪，财神跟到哪，因此有 [ɬai¹luŋ²tʰaŋ¹，tsʰɛn²tsʰaːi²tʰaŋ¹]"狮龙到，财神到"的说法。狮和龙出动时，敲锣打鼓，由逗龙狮手引路，按门牌顺序挨家挨户登门拜年，家家户户均放鞭炮欢迎。舞龙舞狮结束时，屋主给舞龙和舞狮者敬酒、递烟、放红包，以表示感谢带来财神。

图 9-6　舞狮　2015 年 2 月 21 日摄于大新县板价村

图 9-7　舞龙　2016 年 10 月 22 日摄于天等县向都镇

[mu³kʰi²lan²] 舞麒麟

左江流域壮民视麒麟为吉祥物,舞麒麟是这一带壮族独特风俗,尤其盛行于龙州、扶绥县境内。麒麟的制作比较独特,首先用黄泥做成麒麟头的模型,再用较硬的纸贴在模型上,画上油彩,用薄竹片扎边。然后用一尺红绿花布做成麟身,在麟身后面嵌上一条龙尾巴,这样,麒麟就做成了。逢年过节,舞麒麟队给村里人庆贺,逐户逐村地拜,人们认为,麒麟能带来吉祥安康。

图 9-8　舞麒麟　2016 年 3 月 10 日摄于扶绥县龙头乡

[luŋ²tsu¹] 龙舟赛

[tək⁷kʰin²] 壮拳

[tək⁷] 即"打",[kʰin²] 即"拳"。壮拳在左江流域源远流长,花山岩画是两千年前古越人所作,岩画里战阵不仅展现了壮拳动作,还显现了环首刀、剑、长枪、手镖、山弩以及竹箭等壮拳种类中惯用的武术器械。

壮拳动作朴素,拳、掌、腰、腿、身法清晰准确,多短打、擅标掌、少跳跃。以重创致残对手为原则,不仅有拳打、脚踢、肩挑、头撞等,还有咬、锁颈、插阴、挖眼等,击拳时结合壮语发音,呈勇猛刚强气派,具有浓郁的民族特色,被外界称为"南蛮拳"。

图9-9 龙舟赛 2015年4月21日摄于宁明县城

图9-10 壮拳表演 2016年10月22日摄于天等县向都镇

图9-11 壮拳表演 2016年10月22日摄于天等县向都镇

玖 民间体育与娱乐

[tək⁷pɔ¹] 打篮球

亦为篮球赛。[tək⁷] 即"打"，[pɔ¹] 即"篮球"。

图 9-12 篮球赛 2015 年 2 月 27 日摄于龙州县民建村

[kap⁸pja¹] 捕鱼赛

图 9-13 捕鱼赛 2015 年 4 月 21 日摄于宁明县城

[vaːi²laːk⁸ɬa²] 牛拉竹筏

图 9-14 牛拉竹筏 2015 年 4 月 21 日摄于宁明县城

[ɬa²kwa⁵ta⁶] 竹筏过河
即竹筏竞渡。

图 9-15 竹筏竞渡 2015 年 4 月 21 日摄于宁明县城

[tək⁷luk⁸tsʰik⁷] 打尺子

用具是一长一短的小木棍，短的称 [luk⁸tsʰik⁷] "子尺"，长约 15 厘米，长的称 [mɛ⁶tsʰik⁷] "母尺"，长约 40 厘米。比赛分两组或两人对打。

图 9-16　打尺子（见彩图 43）　2015 年 4 月 21 日摄于大新县板价村

[tək⁷haːŋ⁵] 打陀螺

图 9-17　打陀螺　2015 年 4 月 21 日摄于大新县板价村

[pʰjaːi³ma⁴kwi⁶] 踩高跷

[pʰjaːi³] 即"踩",[ma⁴kwi⁶] 即"高跷"。

图 9-18　踩高跷　2015 年 4 月 21 日摄于大新县板价村

[pʰjaːi³pɛn³] 踩板鞋

图 9-19　踩板鞋　2015 年 4 月 21 日摄于大新县板价村

[ʔiu¹tɔm¹] 抛绣球

左江流域壮族抛绣球活动历史悠久，早在两千多年前的左江花山壁画上的古兵器"飞砣"，用于作战或狩猎，后演变为接内装沙子、豆粟等的布囊，进而演变为抛绣球娱乐。到了宋代，逐渐演变为壮族男女青年表达爱情的方式。周去非《岭外代答》卷十《飞砣》载："上巳日（农历三月三），男女聚会，各为行列，以五色结为球，歌而抛之，谓之飞砣。男女目成，则女受砣而男婚定。"如今抛绣球已成为文艺表演节目和少数民族传统表演或竞赛项目。抛绣球竞赛一般有两种方式，一种是抛绣球竞赛场中用杆竖起一个圈，圈心距地面9米，将绣球穿过圈即得1分，以得分多者为胜。另一种是比赛分几个小组，每组又分抛绣球者和接绣球者，两者距离约10米，抛绣球者把绣球抛到接绣球者背后的背篮，背篮的绣球多者为赢。

图9-20　抛绣球（见彩图40）　2017年4月21日摄于龙州县双蒙村

图9-21　用背篮接绣球　2016年3月27日摄于大新县宝圩镇

[pin¹mai⁴ɬaːu¹] 爬竹竿

[pin¹] 即"爬",[mai⁴ɬaːu¹] 即"竹竿"。

图 9-22　爬竹竿　2016 年 3 月 27 日摄于大新县宝圩镇

[tʰik⁷ʔin⁵] 踢毽子

[tʰik⁷] 即"踢",[ʔin⁵] 即"毽子"。

图 9-23　踢毽子　2016 年 3 月 27 日摄于大新县宝圩镇

[ʔaːt⁷sau³kwaːŋ¹] 扳手腕

[ʔaːt⁷]即"压",[sau³kwaːŋ¹]即"手腕"。

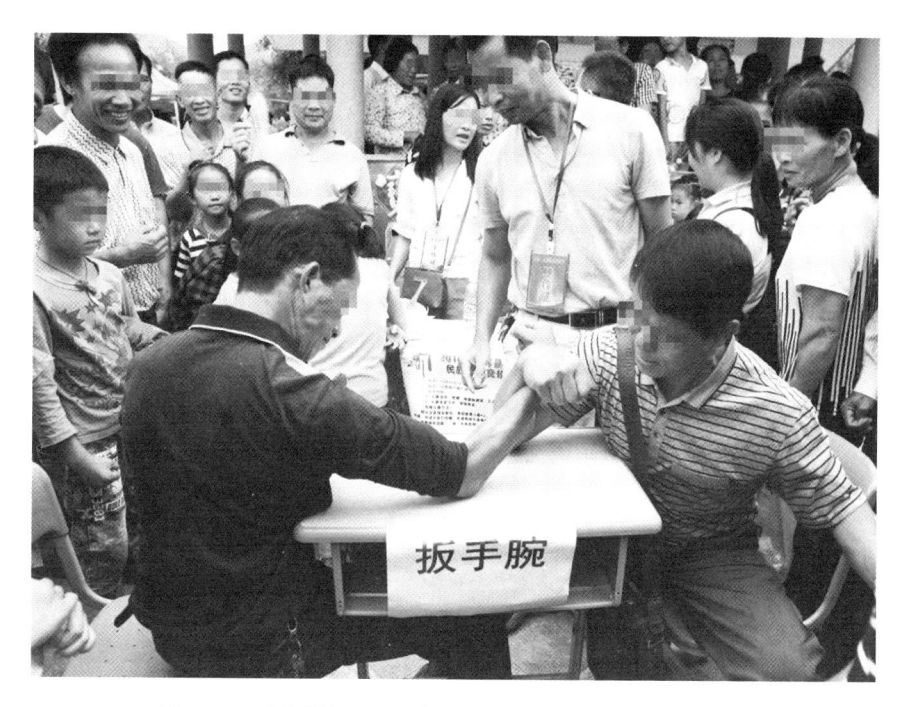

图 9-24　扳手腕　2016 年 10 月 22 日摄于天等县向都镇

二　民间娱乐

[kai⁵tɔ⁴tʰip⁷] 斗鸡

[kai⁵]即"鸡",[tɔ⁴tʰip⁷]即"互斗"。斗鸡盛行于左江流域扶绥县东门镇,据传说,在秦汉时期一个夏季,东门境内蜈蚣、蝗虫泛滥成灾,老百姓只能背井离乡,东门镇境内一片荒凉景象。一个神仙下凡后,把仙丹给啼得最响亮的公鸡吃,吃过仙丹的公鸡于是精神倍增,百毒不惧,它日夜捕食蜈蚣和蝗虫,终因劳累过度而死,在岜仙岩化成了鸡仙。从那以后,人们为纪念公鸡的卓越功绩,把每年的农历四月初八定为斗鸡节。斗鸡场上获得冠军的公鸡被尊称为[kai⁵tau²]"鸡王",被斗死的公鸡称为[kai⁵ɬin¹]"鸡圣"。

图 9 - 25　斗鸡（见彩图 44）　2015 年 4 月 23 日摄于扶绥县东门镇

[tʰiu⁵mai⁴ɬaːu¹] 跳竹竿

[tʰiu⁵] 即"跳"，[mai⁴ɬaːu¹] 即"竹竿"。

图 9 - 26　跳竹竿（见彩图 42）　2015 年 2 月 21 日摄于大新县板价村

[tsʰɛ¹ɬin⁵] 溜铁圈

[tsʰɛ¹] 即"溜"，[ɬin⁵] 即"铁圈"。

图 9-27　溜铁圈　2015 年 2 月 21 日摄于大新县板价村

[tsʰəŋ³lɔ²mai⁵] 抢新娘

[lɔ²mai⁵]"新娘"由一个女子扮演，头披红巾，众人以女子为中心手拉手围成一大圈，阻止圈外男子闯入圈内抢新娘，闯入圈内的男子被判为 [pɔ⁶mai⁵]"新郎"。

[tək⁷ʔin⁵] 打飞燕

过去是左江流域壮族青少年最喜爱的游戏活动。打飞燕可以两人对打，也可以分组对打。打法与现代羽毛球一样。有的地方用手掌心当拍打向对方，对方用手掌打还，也有的用竹壳或木板做拍打，均以接不到者为输。

图 9-28　抢新娘　2015 年 2 月 21 日摄于大新县板价村

图 9-29　打飞燕　2015 年 2 月 21 日摄于大新县板价村

［ʔin⁵］ 飞燕

是用嫩竹笋皮叶，折叠成一四方形后中间夹一枚铜钱，筒间插入羽毛即成。

［tap⁷na¹］ 竹壳拍子

比较大、相对平整的竹壳可直接用做拍子。

图 9-30　飞燕和竹壳拍子　2015 年 2 月 21 日摄于大新县板价村

［muŋ¹tʰa¹tək⁷la²］ 蒙眼敲锣

［muŋ¹］即"蒙"，［tʰa¹］即"眼"，［tək⁷］即"打、敲"，［la²］即"锣"。

［taːp⁸tʰin¹］ 堆石

堆得高且不倒者为赢。

图9-31　蒙眼敲锣　2015年2月21日摄于大新县板价村

图9-32　堆石　2015年5月16日摄于龙州县上金乡

[kan³pɛt⁷] 赶鸭

图9-33　赶鸭　2016年12月3日摄于凭祥市练江村

[tsʰaːi¹mɔi²] 猜码

图9-34　猜码　2015年5月23日摄于大新县大岭村

[tək⁷tsi³] **打石子**

图 9-35　打石子　2016 年 3 月 27 日摄于大新县宝圩镇

[lɛ⁵va⁶ɬi¹] **看山歌表演**

即观看山歌表演或比赛。每逢节假日尤其是三月三节日期间，左江流域一带常有山歌表演或比赛，一直以来看山歌是当地壮族人的一种娱乐。

图 9-36　看山歌表演　2015 年 4 月 17 日摄于扶绥县笃邦村

玖　民间体育与娱乐

[lɛ⁵jim³tsʰat⁷] **看演出**

逢年过节，看演出是左江流域壮民们重要的娱乐活动。

图 9-37　看演出　2015 年 4 月 7 日摄于崇左市左州镇

图 9-38　看演出　2015 年 4 月 28 日摄于扶绥县新安村

图 9-39　**看演出**　2015 年 5 月 16 日摄于龙州县高山村

拾　信仰崇拜

左江流域壮族自古有自己的信仰崇拜，主要有自然崇拜、信鬼奉神、风水天命、巫术佛事和各种禁俗等，当地壮族更多崇拜的是土地神，几乎每个村寨都建有土地庙，每逢过节或是平时杀猪，都要以整个煮熟的猪头去那里祭拜一番，若做烤猪则抬着整猪前去敬祭。祖先神更是每节必祭，摆上酒、肉、整鸡等供品，祭罢方能食用。崇拜的保护神还有北帝、伏波、侬智高、班夫人等，宁明、龙州、凭祥等地都建有伏波庙和班夫人庙。

一　自然崇拜

左江流域壮族认为万物有灵，因此对于自然和自然物所产生的现象都加以崇拜，如山、水、石、木、五谷六畜等。如村寨中有一棵参天大树，往往被视为全村的保护神而加以崇拜；村后有个悬崖龙洞或大石头也被视为显灵圣地。

[ɬin¹mai⁴]　树神

[ɬin¹]即"仙"，[mai⁴]即"树"。左江流域壮族认为树有灵魂，尤其是大树，逢年过节习惯到树下祈福拜神。

图 10 - 1　祭大树　2015 年 2 月 27 日摄于龙州县民建村

图 10 - 2　祭小树　2016 年 2 月 16 日摄于天等县种典村

拾 信仰崇拜

[ɬin¹mai⁴ɬin³] 蚬木王

[mai⁴ɬin³] 即"蚬木"。位于龙州县武德乡三联村呼屯的一座高山上。相传很久以前，这里森林茂密，人迹罕见。始祖高公到此狩猎，发现这里土地肥沃，清泉甘甜，便带几户人家到此定居。初时，野兽猖獗，人畜常遭其害。每每如此，高公总挺身而出，拔刀相助。有一年农历二月初一，高公为抢救被虎伤的同胞而献身，亲人们把他安葬在这里。不久，高公墓长起了一棵蚬木，从此村里再也不受猛兽伤害，百姓平安度日。人们视之为高公神灵之化身，此后每年农历二月初一，村民及周边乡村的人们都来祭拜这棵蚬木王。

图 10-3　蚬木王　2016 年 3 月 9 日摄于龙州县三联村

图 10-4　祭拜蚬木王　2016 年 3 月 9 日摄于龙州县三联村

图10-5 道公主持祭蚬木王（见彩图46） 2016年3月9日摄于龙州县三联村

[ɬin¹pʰja¹] 山神

在大新县硕龙镇壮民们把镇口的一座山下的大石头尊为将军石，每年农历三月十五侬侗节都进行隆重的祭奠活动。

图10-6 祭拜山神（见彩图45） 2017年4月11日摄于大新县硕龙镇

左江流域壮民认为每座山都有神灵，逢年过节，村民自发地附近的山进行祭拜。图 10-6 为大新县硕龙镇壮民侬侗节祭奠山神活动。

[ɬin¹nam⁴] 水神

图 10-7　祭水神　2016 年 3 月 6 日摄于扶绥县龙头乡

二　天地崇拜

[ta³tsaːi¹] 打斋

即拜天，又称 [jaːi²pʰi¹] "祭鬼"，祈求各路鬼神保佑。左江流域壮族人家习惯在春节期间餐前要先在门外祭拜各路鬼神，并把一些食物摆在门外，并烧香祭拜天地。春节过后即可收回祭品。各地拜天方式不一样，有的用簸箕装祭品摆在门外；有的把凳子放在门口，上面摆一些食物；有的用篮子装好食物挂或摆在门外，等等。

图10-8　崇左市江州区壮民集体打斋　2015年2月27日摄于崇左市江州区

图10-9　龙州县壮民打斋　2015年3月1日摄于龙州县民建村

图 10-10　靖西市壮民打斋　2017 年 2 月 19 日摄于靖西市化峒镇

图 10-11　宁明县壮民打斋　2016 年 2 月 16 日摄于宁明县宏密村

图 10 - 12　天等县壮民打斋　2015 年 2 月 21 日摄于天等县种典村

图 10 - 13　餐前在门外打斋　2018 年 2 月 17 日摄于大新县大岭村

三　祖先崇拜

[luŋ²tsʰɔŋ²]　下台

即拜祖先。[luŋ²]即"下",[tsʰɔŋ²]即"台、桌",[luŋ²tsʰɔŋ²]意为在台上摆放祭品祭拜祖先。也称[paːi⁵kuŋ¹tsɔ³]"拜祖先",[paːi⁵]即"拜",[kuŋ¹tsɔ³]即"祖公、祖先"。壮家人逢年过节或平时有好吃的,都要拜过祖先后才能食用。

图10-14　饭前拜祖先　2015年2月15日摄于大新县大岭村

[tsʰɔŋ²kuŋ¹tsɔ³]　祖先台

各地安放祖先祭台的地方不完全一致,龙州、大新、宁明县一带一般置于大堂墙壁前,天等、靖西、崇左市江州区等地则习惯安放在大堂上方。

[ʔɔm¹tsaːŋ¹jin¹]　插香缸

即香炉。[ʔɔm¹]即"小缸、小罐",[tsʰaːp⁷jin¹]即"插香"。安放在祖先祭台上。

图10-15　安放在大堂的祖先祭台　2016年2月19日摄于宁明县宏密村

图10-16　安放在大堂上方的祖先祭台　2016年2月16日摄于崇左驮卢镇安宁村

拾　信仰崇拜

图10-17　安放在大堂上方的祖先祭台　2017年1月30日摄于靖西市旧州镇

图10-18　香炉　2016年3月9日摄于龙州县三联村

四　土地神崇拜

[miu⁶maːn³lau²]　村庙

即土地庙。[miu⁶]即"庙",[maːn³]即"村",[lau²]即"我们"。土地神称为[kuŋ¹tʰɔ³ti⁶]"土地公"。左江流域壮族村寨基本上都有一个土地庙,土地庙的位置一般设在村头。逢年过节,村民们会自发地带上煮熟的鸡、鸭、猪肉、鱼及香纸等来到土地庙祭拜。

左江流域各地土地庙里的内部设置不完全一致,有的很简单,只有一个神龛或在墙上贴一张红纸,纸上写"土地公神位"等字表示土地公神位。有的很讲究,除了神龛,还有土地公、土地婆及其他神像。

图10-19　村民在土地庙烧香及纸钱　2015年4月28日摄于扶绥县新安村

拾　信仰崇拜

图 10-20　土地庙　2015 年 4 月 22 日摄于龙州县勤江村

图 10-21　用石头彻成的土地庙　2017 年 2 月 10 日摄于龙州县横罗村

图 10 - 22　法师在土地庙前做法　2017 年 2 月 10 日摄于龙州县横罗村

图 10 - 23　用红纸贴墙表示土地公神位　2015 年 7 月 14 日摄于崇左市江州区保安村

图 10-24　祭拜土地公　2016 年 4 月 9 日摄于大新县大岭村

五　灶神崇拜

[ɬin¹paːk⁷tsaːu⁵] 灶神

左江流域壮民信仰灶神，在灶台边安放一个香炉或贴一张红纸，表示灶神祭台。逢年过节，要烧香、烧纸钱、摆祭品等，当地壮民认为这样敬供灶神，灶神会保佑他们年年有余。

图 10 - 25　灶神　2018 年 1 月 27 日摄于龙州县横罗村

图 10 - 26　祭灶神　2018 年 8 月 24 日摄于崇左江州区新和镇

六　巫道佛信仰

(一) 巫道佛人员称谓

左江流域壮族宗教信仰并不是单一的某种宗教信仰,而是多重信仰的糅合,既有原始宗教信仰,也有巫教信仰、道教信仰和佛教信仰。壮族宗教神职人员又称法师，分为男、女两类，男性法师又分三类：［mɔ²］"巫"、［taːu⁶］"道"、［pət⁸］"佛"，女性法师又分两类：［mɔ²］"巫"、［pət⁸］"佛"。壮族以"道"做法事一般由男性操持，不由女性来承担，但巫、佛的法事男女皆可操持。壮族法师有多种称谓，男性称谓有：［pɔ⁶mɔ²］"巫公"、［pɔ⁶ɬiŋ¹］"仙公"、［pɔ⁶taːu⁶］"道公"、［pɔ⁶saːŋ²］"祥公"、［pɔ⁶pət⁸］"佛公"等，女性称谓有：［mɛ⁶mɔ²］"巫婆"、［mɛ⁶ɬiŋ¹］"仙婆"、［ja⁶ɬiŋ¹］"仙婆"、［mɛ⁶pət⁸］"佛婆"等。对于这些称谓并不完全一致，各地有自己习惯的叫法，如大新县壮族称巫婆为［mɛ⁶ɬiŋ¹］"仙婆"，龙州县城附近称巫婆为［mɛ⁶pət⁸］"佛婆"，凭祥市上石布傣称巫婆为［ja⁶ɬiŋ¹］"仙婆"。

图10-27 法师（见彩图47）　2015年3月1日摄于龙州县民建村

左江流域壮族法师平时是农民，只是村里或周边村寨有红白喜事需要他们去做法事时，他们才临时充当法师。他们的法事活动范围和分工有所不同，壮族人有句谚语：［pɔ⁶taːu⁶ɬuŋ⁵miŋ⁶, pɔ⁶pət⁸kau⁵miŋ⁶］"道公送命，佛公救命。"道公主要是做白事，在丧葬上做法事；佛公、佛婆主要是医病救命，村里人家要消除病症主要请佛公、佛婆来做法事；而巫公、巫婆、仙公、仙婆主要是降神，帮村民求问平安等。壮族宗教法师看起来各司其职，但是往往一人担任多职，很多法师的身份既是巫公，也是道公、佛公、仙公，或既是巫婆，也是佛婆、仙婆。他们可根据不同的法事，穿戴不同的衣帽服饰，选择不同的法器和喃唱不同的经书。又往往多职兼一事，巫、道、佛常常齐上阵，共同做法，而所做的法事也都不过是一些与壮族人原始宗教密切联系的祭神拜鬼求福之事。

图 10-28　宁明县法师　2016 年 7 月 15 日摄于宁明县濑江村

（二）巫道佛用具

[tsʰɛk⁷kiŋ¹] **经册**

即经书。[tsʰɛk⁷] 即"册"，[kiŋ¹] 即"经"。巫仙没有经书，佛道有经书。

[ʔin⁵] **法印**

法印是法师的身份证明与权力象征。左江流域一带法师有道经师宝印、玉皇印、三宝印、五雷印等。

[ʔan¹tɔk⁷pja¹] **木鱼**

[ʔan¹] 即"个"，[tɔk⁷] 即"敲"，[pja¹] 即"鱼"。

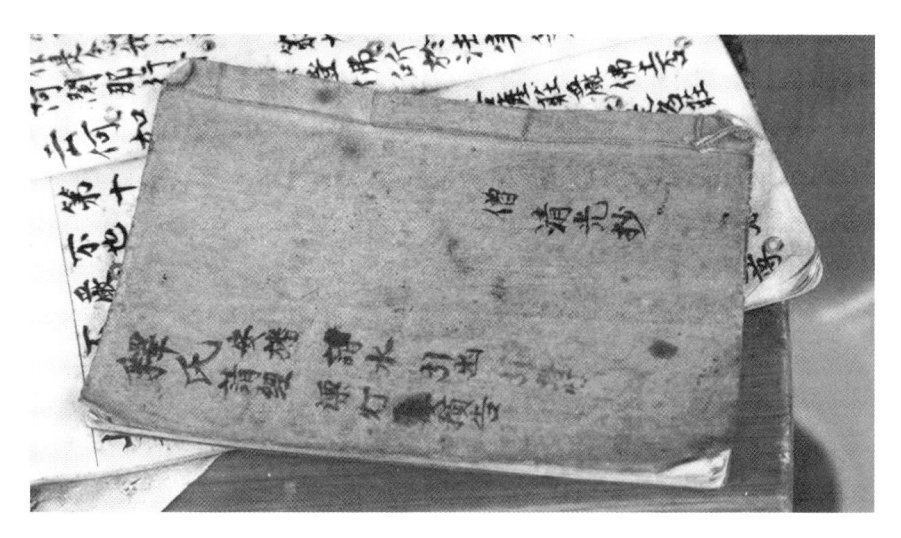

图 10-29　经书　2015 年 5 月 29 日摄于龙州县城

图 10-30　法印　2015 年 5 月 29 日摄于龙州县城

图10-31　木鱼和令条　2015年5月29日摄于龙州县城

[tiŋ¹] 天琴

以葫芦为琴筒，以桑木、蚬木等为琴杆，以蚕丝、尼龙线等为琴弦，其琴声为"叮叮"，故得此名。

图10-32　天琴和铜环串　2016年7月15日摄于宁明县濑江村

[jaːk⁸] 铜环串

铜或铁制品。铜环串也是法师的法器，法师做法时，手摇或脚抖铜环串，发出锵锵的响声，称 [ma⁴tʰɛt⁷] "跑马"，铜环串因此又称 [ma⁴] "马"。

[kum²kʰwɛk⁷] 阴阳卜

木制品，由长约8厘米，直径约3厘米的圆木一分为二而成，用于问鬼神或卜吉凶。也称 [kaːu¹ki³] "高几"。

图10-33　法器从左至右为：阴阳卜、铜环串、提铃、令条、扇子
2018年1月27日摄于龙州县金龙镇横罗村

[maːk⁷liŋ⁵] 令条

木制品，长约15厘米，宽约4厘米，厚约2厘米，用于密写法符。

[vi²] 扇子

[tɔŋ¹] 铛

[liŋ²] 提铃

[kaːi⁵tʰuŋ²] 铜棒

提铃和铜棒多为铜制品，也有的是铁制品，都是法师的法器。法师喃经时，右手摇铃铛，左手时不时地用小铜棒敲提铃。

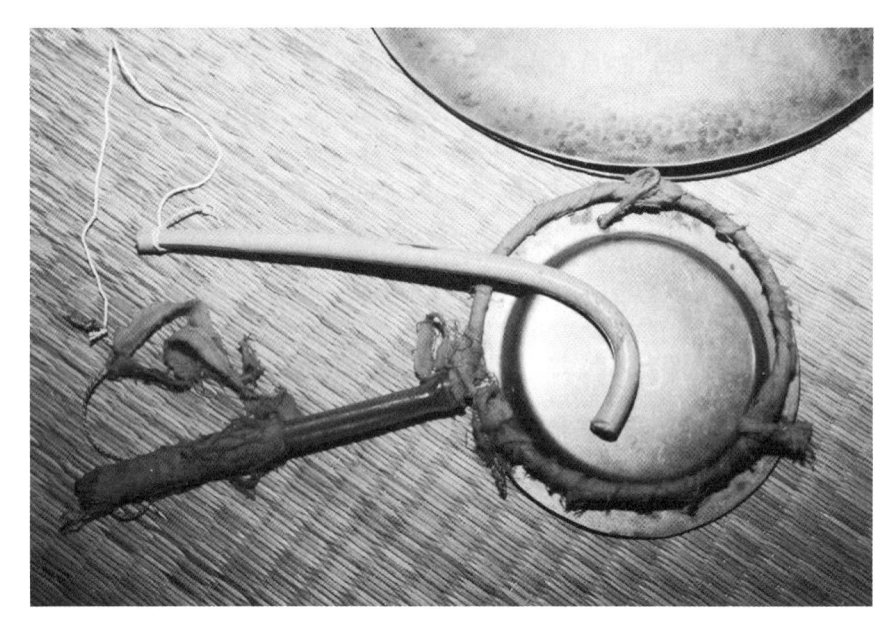

图 10-34　铛　2018 年 1 月 27 日摄于龙州县金龙镇横罗村

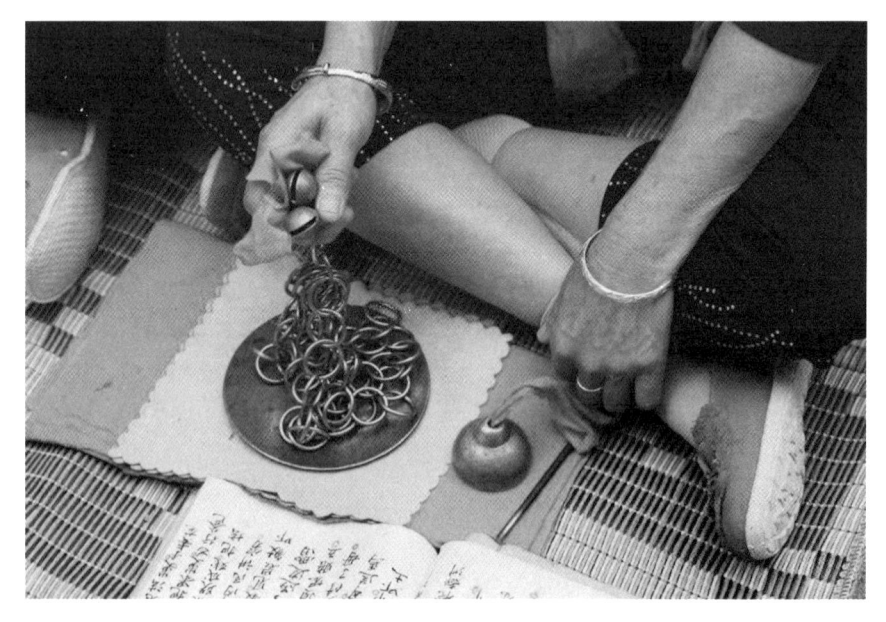

图 10-35　铜环串、提铃和铜棒　2017 年 4 月 11 日摄于大新县硕龙镇

[hai⁵kai⁵] 鸡蛋卜

鸡蛋卜是由法师对鸡蛋画符念咒，将鸡蛋煮熟，剥开后根据蛋白、蛋黄的布局关系以定凶吉，两者界限分明为吉，两者混杂不清为凶。

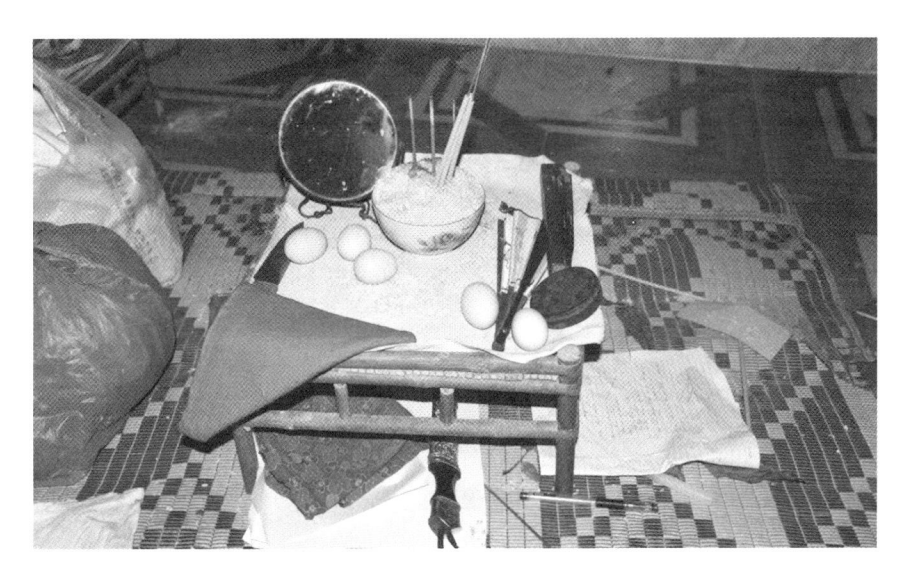

图 10-36　鸡蛋卜　2018 年 1 月 28 日摄于龙州县横罗村

[mu⁶] 法帽

左江流域各地法帽都绣有各种图案，如菩萨、麒麟、凤凰、狮子、鸟、蛇、鱼、蛙、花以及云头纹、太阳纹、水波纹、八角纹等，法帽还垂吊几根带子，带子上绣有刀剑图案。但各地法帽的样式不完全一样，扶绥、宁明县法师的法帽顶上是波浪式，所绣的图案精致且五彩缤纷。天等、大新县法师的法帽主要为莲花帽，颜色多样且艳丽。龙州县法师的法帽顶为山字形，中间绣有"玉皇"或"三宝"字样。

图 10-37　宁明县法帽　2016 年 7 月 15 日摄于宁明县濑江村

龙州法帽有［ɬaːm¹pʰja¹ha⁵pʰja¹］"三山五岳"之说，"三山五岳"本是中国名山，即黄山、庐山、雁荡山等三山及泰山、华山、衡山、嵩山、恒山等五岳。龙州法帽的"三山"指法帽有三个角或拱形，表示初级法师，不能带徒弟；"五岳"指法帽有五个角或拱形，表示高级法师，可带徒弟。帽顶两侧分别有一条长约15厘米的彩线，帽后垂下五条长约100厘米，宽约4厘米的红布条，红布条上绣有各种花鸟、刀剑等图案。

［ʔaːu³］ 法衣

左江流域各地法衣也有所不同，龙州县法师的法衣主要是红色或黄色长袍；扶绥、宁明县法师的法衣为半身的红衣或黄衣。大新、天等县法师的法衣有红色、蓝色、绿色、灰色长袍。

图 10-38　大新县法帽　2017 年 4 月 11 日摄于大新县硕龙镇

图 10-39　"五岳"法帽　2018 年 1 月 27 日摄于龙州县横罗村

图 10-40　"三山"法帽　2017 年 9 月 13 日摄于龙州县双蒙村

图 10 - 41　龙州县法师服饰　2018 年 1 月 27 日摄于龙州县金龙镇横罗村

图 10 - 42　扶绥县法师服饰　2017 年 11 月 29 日摄于扶绥县东门镇

图 10-43 大新县法师服饰 2017 年 4 月 11 日摄于大新县硕龙镇

(三) 巫道佛活动

1. 受戒

壮语称"受戒"为 [kʰau³ɬau⁶]，[kʰau³] 意为"入"，[ɬau⁶] 意为"受"。"受戒"是宗教法师出师所举行的仪式，又称 [kwa⁵kaːi⁵] "过戒"和 [faːt⁸tʰaːi¹] "鞭打死神"。[kwa⁵] 即"过"，[kaːi⁵] 即"戒"，[faːt⁸] 即"鞭打"，[tʰaːi¹] 即"死"。是左江流域尤其是龙州、大新、靖西市一带的宗教活动之一。任何一个宗教法师在独立操作法事前，必须要拜师学经，经书基本掌握后，就可择日 [ʔɔːk⁷ɬai¹] "出师"，受戒后就正式成为法师，可独立从事道、佛、仙、巫等宗教法事。受戒的时间至少一天一夜，一般为两夜三天。以下图 10-44 至 10-81 为龙州县双蒙村一位女法师黄素清受戒仪式的整个过程。

[naŋ⁶tʰiŋ¹] 坐天

[naŋ⁶] 即"坐"，[tʰiŋ¹] 即"天"。受戒准备开始时，请来的法师拿着天琴在受戒人家的大厅铺席而坐。

图 10-44　坐天　2017 年 9 月 13 日摄于龙州县双蒙村

[mai¹ɬi¹] 金轮宝坛

[mai¹] 即"张、页",[ɬi¹] 即"诗"。是一块黄布,黄布上写有文字,内容主要是关于受戒人的平生事迹。受戒仪式之前,受戒人的师父在黄布上填上受戒人的姓名,称为 [ɬɛ³miŋ²] "写名"。黄布由师父在受戒环节赠予受戒人。

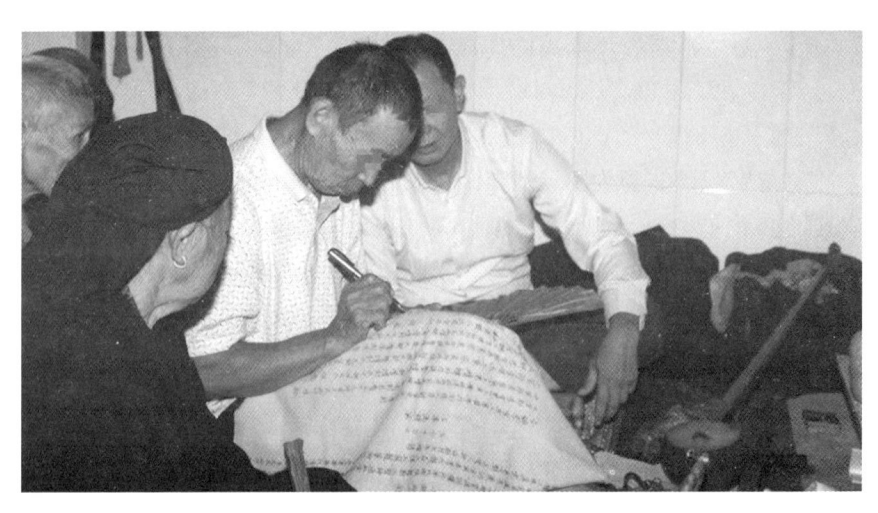

图 10-45　师父在"金轮宝坛"上"写名"　2017 年 9 月 13 日摄于龙州县双蒙村

图 10-46　喃经　2017 年 9 月 13 日摄于龙州县双蒙村

[naːm¹kiŋ¹] **喃经**

喃经是受戒仪式的重要内容，法师们穿上行服，手弹天琴、脚摇铃铛，一起喃唱，喃经要一直喃唱到第二天的。没度过戒的法师没有行服，一般要坐在后面跟着喃唱。

[naŋ⁶pʰa³] **坐云**

即在席上铺一条长长的白土布，然后每一个法师都坐在白布上，称为[naŋ⁶pʰa³]"坐云"，意为腾云驾雾，在天上做法。白布在壮语里读[pʰaːi³]，但在这里它象征着白云，因此读为[pʰa³]"云"。

[tiŋ⁶ɬai¹] **听师**

受戒仪式开始时，受戒人要坐在前面，聆听并跟随师父们喃唱，喃唱内容主要为引路、祝福等，一直听到夜晚来临。图 10-48 前排头缠红巾的女子为受戒人。

[jip⁸fai²] **踩火**

夜晚降临时，受戒人要踩灭正在燃烧的稻草，意为灵魂随烟云上天。踩火后，受戒人要单独在另一个房间里受戒，不许外人打扰。

图 10-47　坐云　2017 年 9 月 13 日摄于龙州县双蒙村

图 10-48　听师　2017 年 9 月 13 日摄于龙州县双蒙村

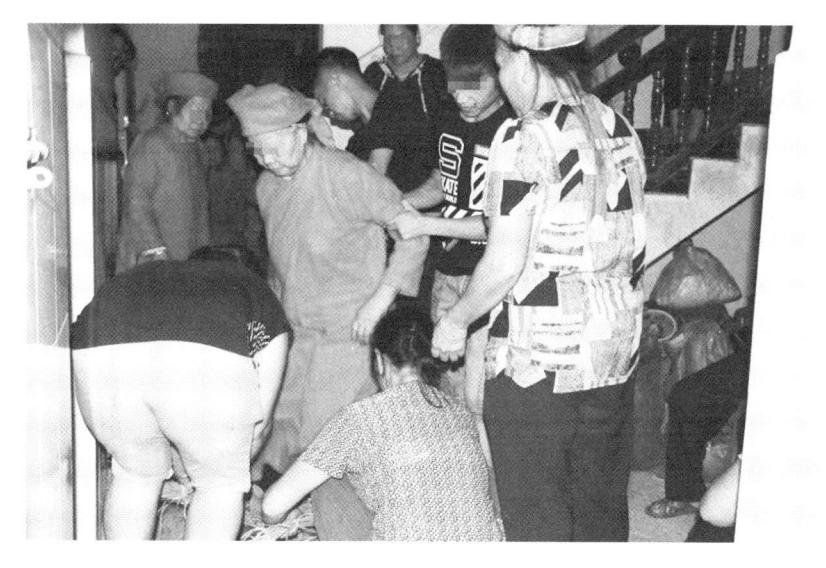

图 10-49　踩火　2017 年 9 月 13 日摄于龙州县双蒙村

[jan³lɔ⁶] 引路

师父手拿一根甘蔗，甘蔗头上插有几根香及用红布绑着一把剪刀，称为 [tau²]，其原义为"棍子"，引申为"引路棒"，师父以此在神台前为受戒人引路，并一路驱魔。

图 10-50　引路　2017 年 9 月 13 日摄于龙州县双蒙村

[vɛk⁸] 画符

引路过程中师父用香在空中画符念咒，为受戒人护身驱邪。

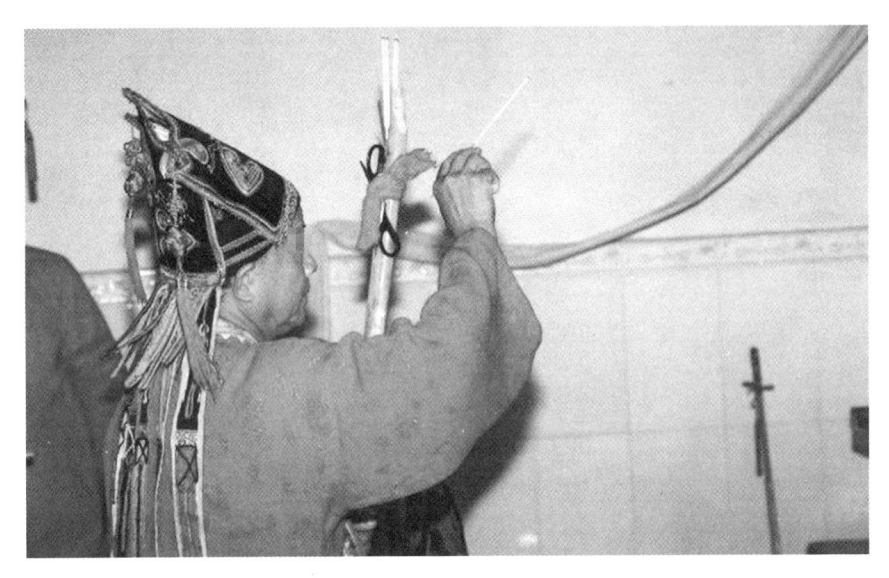

图 10-51　画符　2017 年 9 月 13 日摄于龙州县双蒙村

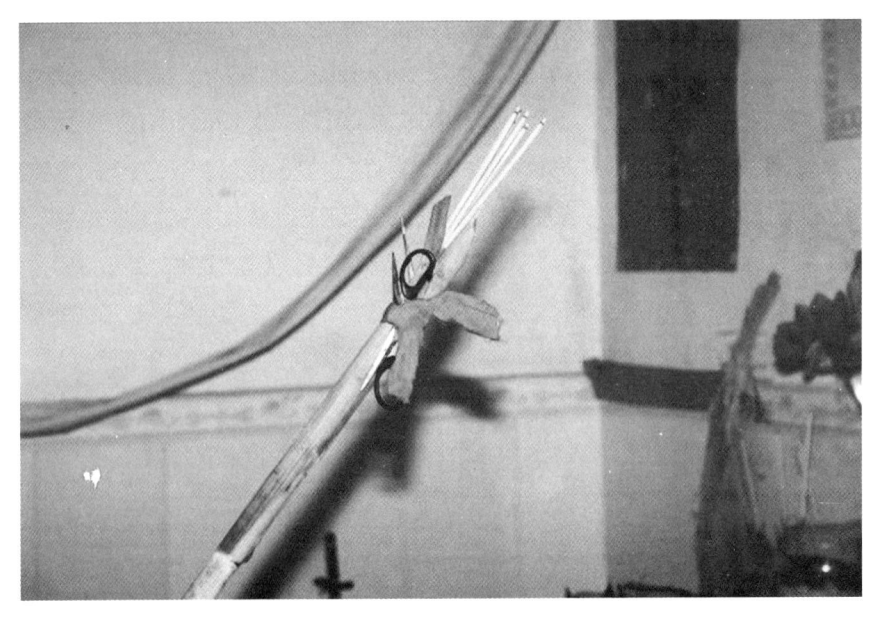

图 10-52　引路棒　2017 年 9 月 13 日摄于龙州县双蒙村

[mu³vi²] **舞扇**

舞扇是受戒仪式的一个重要内容，师父手弹天琴，脚抖铃铛，其他师兄弟手拿扇子，围坐在师父的周围，按师父弹唱的节奏舞扇。舞扇动作内涵丰富，开扇并反复摇扇，表示扫开仙路上的浓云密雾；开扇左右横扇，表示开路；左右平面移动，表示向仙路上的神灵们打招呼；开扇上下扇，表示为事主抬星宿；合扇在身体前方左右各点一下，表示上路之前的点兵马；分别点左右肩膀，表示上山前点兵马，等等。舞扇持续时间约半个小时。

图 10-53　舞扇　2017 年 9 月 13 日摄于龙州县双蒙村

[kʰau³ɬau⁶] **受戒**

受戒人夫妇头缠红布巾，跪拜在神台前，师父分别在受戒人夫妻俩背部披上事先准备好的"金轮宝坛"黄布，当众大声地读完黄布上的文字后，盖上自己的印章，以此作为受戒人成为法师的证据。一般一个家庭的夫妻俩只能有一人做法师，但受戒时夫妻俩要同时参与受戒，如果受戒人此时没有伴侣，要找一个物件来替代，比如大南瓜、大冬瓜等。

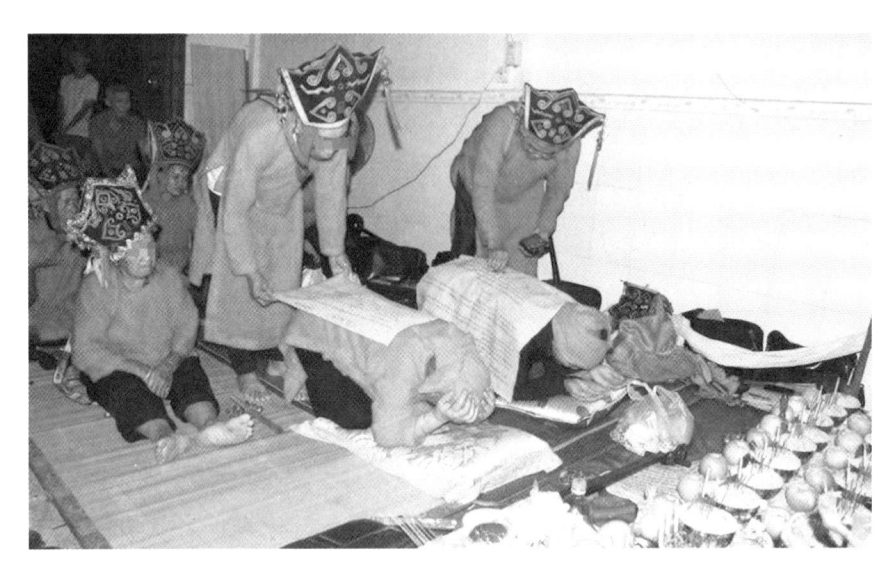

图 10 - 54　受戒　2017 年 9 月 13 日摄于龙州县双蒙村

[pɔn³lau³]　**敬酒**

受戒仪式到半夜时分，由 [mɛ⁶pa³] "乜姆"给法师们敬酒，在法师们旁边摆桌子，每桌五个汤匙，斟满酒。喃唱结束即敬酒，直到敬完为止。酒是由受戒人自家用糯米做的 [lau³vaːn¹] "甜酒"。

图 10 - 55　敬酒　2017 年 9 月 13 日摄于龙州县双蒙村

图 10-56　甜酒　2017 年 9 月 13 日摄于龙州县双蒙村

[tɔ⁴kiŋ⁵] 互敬
即一起喃唱的法师们互相敬酒。

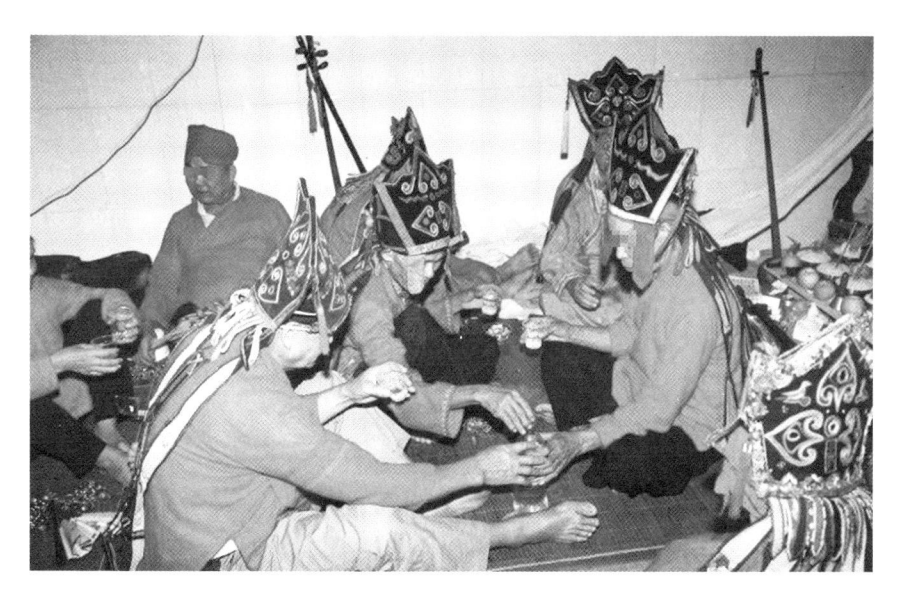

图 10-57　互敬　2017 年 9 月 13 日摄于龙州县双蒙村

[kʰwa³noŋ⁴] **香童**

即烧香孩子，在受戒仪式过程中专门负责烧香、蜡烛、纸钱、摆祭品等事项，一般由两个十几岁的男或女孩子负责。近年来，由于村里的年轻人外出打工，受戒中烧香等工作由一些留在村里的中老年妇女负责，因此又有 [kʰwa³naːŋ²] "香娘" 之称谓。

图 10-58　香童　2017 年 9 月 13 日摄于龙州县双蒙村

[na¹pʰa³] **铺云**

第二天天亮后，用一块土白布从里屋铺到门外，并每隔一步摆上一只红纸剪成的马。白布象征白云，红马是让受戒人踩上去，意为骑马。门前还摆上祭品，竖起一棵芭蕉树。此为受戒人出师前的准备。

[kʰa³pʰi¹] **杀鬼**

受戒人出师前，先由大师父沿着白布从里走到外，并手持一把刀剑在每一只马上面晃两三下，意为杀鬼、驱邪。

[ʔɔːk⁷ɬai¹] **出师**

也称 [ʔɔːk⁷tʰaːi²] "出坛"。出师时辰一到，受戒人捂住耳朵沿着白布并踩上每一只马，从里屋走到屋外，意为骑着马又腾云驾雾。

图10-59　铺云　2017年9月13日摄于龙州县双蒙村

图10-60　杀鬼　2017年9月13日摄于龙州县双蒙村

图 10-61　出师　2017 年 9 月 13 日摄于龙州县双蒙村

[fan⁵] 训

即训诫，受戒人沿着白布走到屋外临时竖起的芭蕉树前跪下，接受大师父的训诫。

图 10-62　训诫　2017 年 9 月 13 日摄于龙州县双蒙村

[maːk⁷maiː⁴kɔ²] 砍芭蕉树

训诫结束后，大师父砍断芭蕉树，即为受戒人排除障碍。

图 10-63　砍芭蕉树　2017 年 9 月 13 日摄于龙州县双蒙村

[pan⁵mu⁶] 转帽

壮语 [pan⁵] 即"旋转"，[pan⁵mu⁶] "转帽"是师父给受戒人戴上法帽前，拿着受戒人的法帽绕芭蕉芯上的香几圈，意为驱邪。师父转帽结束后，又用一根点燃的香在法帽上晃几下，表示画符，意亦为驱邪。

图 10-64　转帽　2017 年 9 月 13 日摄于龙州县双蒙村

图 10 - 65　在法帽上画符　2017 年 9 月 13 日摄于龙州县双蒙村

[tʰum³mu⁶]　戴帽

壮语 [tʰum³] 即"戴"，[mu⁶] 即"法帽"，由师父给受戒人戴上法帽，意为受戒人已成为一名正式的法师。

图 10 - 66　戴帽　2017 年 9 月 13 日摄于龙州县双蒙村

[jaːm³kai⁵] 跨鸡

受戒人成为一名正式的法师，要告知各界神灵，比如山神、土地神、祖先等，出发前有"跨鸡"仪式。

图 10-67　师父杀鸡　2017 年 9 月 13 日摄于龙州县双蒙村

图 10-68　跨鸡　2017 年 9 月 13 日摄于龙州县双蒙村

[paːi⁵pʰja¹] 拜山

即到村外面对着村后的大山，摆上酒、鸡、猪肉、糖果等祭品，师父喃唱后行祭拜礼。

图 10-69　拜山　2017 年 9 月 13 日摄于龙州县双蒙村

[paːi⁵miu⁶tʰɔ³ti⁶] 拜土地庙

即到村里的土地庙祭拜，其程序与拜山一样。

图 10-70　拜土地庙　2017 年 9 月 13 日摄于龙州县双蒙村

拾 信仰崇拜

[paːi⁵fan²tsɔ³] 拜祖坟

即到受戒人的祖坟祭拜，其程序与拜山及拜土地庙是一样的。

在接受法帽后，受戒人与喃唱的法师们一起分别去拜山、拜土地庙、拜祖坟，路上两个烧香孩子要给受戒人打伞。出发前，由一个法师杀鸡并扔在地上，受戒人及法师们出发时要先跨过这只鸡。一路上，受戒人不能与外人说话。回来时家门必须是闭着的，经师父的一番喃唱后才由里面的人打开，随后到外面祭拜回来的人们才能进家。

图 10-71　拜祖坟　2017 年 9 月 13 日摄于龙州县双蒙村

图 10-72　祭拜路上　2017 年 9 月 13 日摄于龙州县双蒙村

图 10-73　闭门　2017 年 9 月 13 日摄于龙州县双蒙村

[hɔi³nɛŋ¹] 挂红

即拜山、拜土地庙及拜祖坟回来后，受戒人坐在屋里，由亲戚朋友轮流往受戒人的脖子及肩膀上挂红布，由师父代受戒人问其中一位亲戚：[ham⁶ham⁶mai⁵ma²]"晚晚你来？"亲戚答：[ham⁶ham⁶kau¹ma²]"晚晚我来。"之后受戒人就可以与亲戚朋友们说话了，也可以开始独立做法事了。

[tsʰɔŋ²paːi⁵] 祭台

[tsʰɔŋ²]即"桌"，[paːi⁵]即"拜"。祭台由两个部分组成，一是原有的受戒人家祖先神台，二是在祖先神台前下方用砖头垫一块木板，上铺红布或红纸，临时做一个祭台，用于摆放法师们的[tʰui³kʰau³]"米碗"，每一只碗代表一个法师，碗里装有米、插有香及法印，碗前各放一只水果。

拾 信仰崇拜

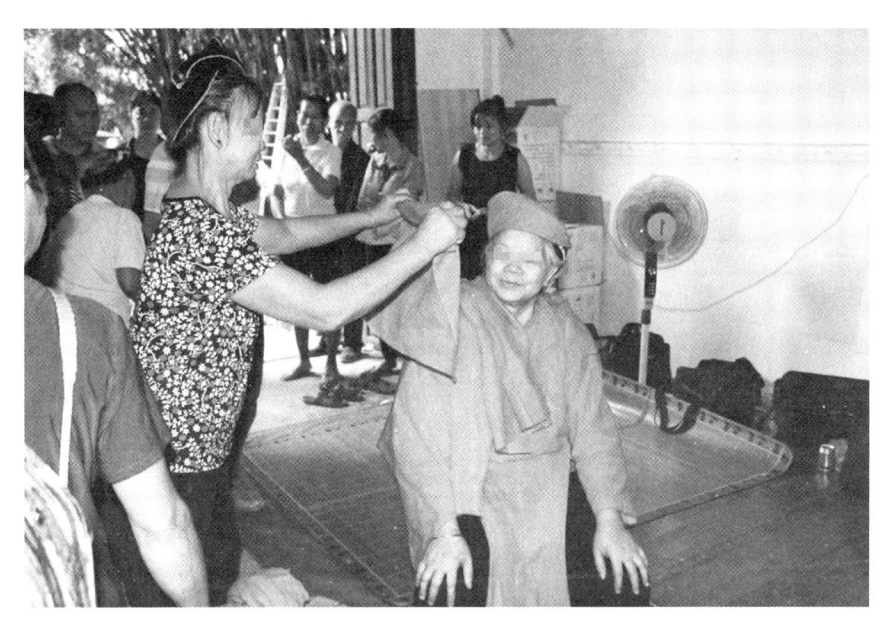

图 10-74 挂红 2017 年 9 月 13 日摄于龙州县双蒙村

图 10-75 祭台高者为祖先神台，低者为临时祭台 2017 年 9 月 13 日摄于龙州县双蒙村

［lau³vaːn¹paːi⁵tsʰɔŋ²］ 甜酒拜台

［lau³］即"酒"，［vaːn¹］即"甜"。甜酒是左江流域壮族的一种美食，用糯米酿成，香甜可口。用甜酒拜台即用甜酒供神，表示对神的厚爱。

图 10-76 甜酒拜台 2017 年 9 月 13 日摄于龙州县双蒙村

［ɬeŋ¹paːi⁵tsʰɔŋ²］ 牲畜拜台

［ɬeŋ¹］即"生的、活的"。左江流域壮族相信万物有灵，认为鲜活的鸡鸭等牲畜及桃叶、柚子叶等树叶都有通灵功能，且具有辟邪去灾的作用，因此常用［kai⁵ɬeŋ¹］"活鸡"、［pɛt⁷ɬeŋ¹］"活鸭"、［mai¹］"树叶"等祭拜神仙。

［maːk⁷mai⁴paːi⁵tsʰɔŋ²］ 果类拜台

［maːk⁷］即"果"，［mai⁴］即"树"。左江流域壮族拜台用的果类主要有［muk⁸kwa¹］"木瓜"、［kui²］"芭蕉花"和［ʔɔi³］"甘蔗"，木瓜和芭蕉花多籽，寓意多子多福、繁荣昌盛；同时木瓜代表绿色，代表永生；芭蕉花代表红色，代表生命；甘蔗代表甜蜜，壮族人认为甘蔗还有解毒作用，且甘蔗叶有锯齿，能驱邪。

图 10-77　牲畜拜台　2017 年 9 月 13 日摄于龙州县双蒙村

图 10-78　木瓜、芭蕉花、甘蔗、荆棘、黄糍粑等拜台　2017 年 9 月 13 日摄于龙州县双蒙村

[naːm¹paːi⁵tsʰɔŋ²]　荆棘拜台

荆棘有刺，壮族人认为它具有驱邪避灾的作用。

[tsʰiˑ⁶hɛn³paːi⁵tsʰɔŋ²]　黄糍粑拜台

[tsʰiˑ⁶]即"糍"，[hɛn³]即"黄"。糍粑是壮族的美食，用黄糍粑拜台主要取其黄色之寓意，黄色代表超俗，种善既善果。

[tʰiu³laːm²paːi⁵tsʰɔŋ²] 提篮拜台

[tʰiu³laːm²] 即"提篮"。亲戚朋友带来的篮子，里面装有少量的米、糍粑、糖果等，放在祭台旁边参与祭拜，祭拜过后主家留一半礼物供所有客人食用，另一半留在篮子里，由客人们各自拿回家，叫 [tʰɔi⁵laːm²] "退篮"。

图 10-79 提篮拜台 2017 年 9 月 13 日摄于龙州县双蒙村

图 10-80 亲戚朋友前来祝贺 2017 年 9 月 13 日摄于龙州县双蒙村

[ma²kin¹] 来吃

[ma²]即"来",[kin¹]即"吃",实际为聚餐。受戒是一件重大的喜事,亲戚朋友会提着鸡、鸭、米、糍粑等前来祝贺并聚餐。

图10-81 受戒活动的宴席 2017年9月13日摄于龙州县双蒙村

2. 请仙酒

请仙酒是左江流域壮族宗教活动之一。受戒后一般每隔三年,受戒人要选吉日请仙酒,请仙酒实际是受戒人的晋官酒,也是法师们的一场大聚会,受戒人的师父、同行、徒弟、徒孙及亲戚朋友都来参加,场面热闹非凡,各个法师请仙酒活动的内容大概一致,活动的天数不完全一致,有一夜两天、两夜三天或三夜四天。以下图10-82至10-101为龙州县金龙镇横罗村一名法师请仙酒活动。

[kʰwan¹kʰau³] 米魂

是主人的米碗,插有一个鸡蛋、一把纸伞、一只飞燕。

[tʰui³kʰau³] 米碗

前来参加活动的法师每人都有一只米碗,米碗中插有法印、香,碗前摆有一只水果,碗底压有几块钱。这些米碗在请仙活动结束以后,由每个法师打包回家,放在自家神台上祭拜过后才能处理掉。

图 10-82　米魂　2018年1月26日摄于龙州县横罗村

图 10-83　米碗　2018年1月26日摄于龙州县横罗村

[tsaːŋ¹] 装饰

请仙酒是主人家的大喜事，主人把师父、同行、徒弟、徒孙及亲戚朋友送来的[ku²ʔɛn⁵]"花串"挂在大厅神台的上方，称为[tsaːŋ¹]"装饰"。

图10-84　装饰　2018年1月26日摄于龙州县横罗村

[hɛt⁷hiŋ⁵] 做庆

即庆祝。主人一般要请人做一些如舞狮舞龙等庆祝活动。

[tsɔn³] 聚合

请仙酒活动上佛、道、仙、巫等各种法师齐聚一堂，做庆活动后，法师们[naŋ⁶tʰiŋ¹]"坐天"，即带着天琴等法器在大厅席地而坐。

[ti⁶pʰi] 驱鬼

请仙酒活动一开始，先由一个巫公手拿刀剑，口念咒语，驱赶各种鬼怪。

[vun⁶ʔaːu³tʰum³mu⁶] 换衣戴帽

[vun⁶ʔaːu³]即"换衣"，[tʰum³mu⁶]即"戴帽"。做法事时，要先换上法衣法帽。戴法帽比较讲究，要先用一条长约160厘米，宽约30厘米的黑色土布叠成三层绕头，再绕一条红布，最后才戴上法帽。法衣主要是红色或黄色长袍。

图 10-85　舞狮庆祝　2018 年 1 月 26 日摄于龙州县横罗村

图 10-86　聚合　2018 年 1 月 26 日摄于龙州县横罗村

图 10-87　驱鬼　2018 年 1 月 26 日摄于龙州县横罗村

图 10-88　换衣戴帽　2018 年 1 月 26 日摄于龙州县横罗村

图 10-89　换衣戴帽　2018 年 1 月 26 日摄于龙州县横罗村

图 10-90　大官郎领着众法师做法　2018 年 1 月 26 日摄于龙州县横罗村

[taːi⁶kun¹laːŋ²] **大官郎**

这种聚会，主人会请一个与自己资历相当或更深一些的人来主持，名曰大官郎。大官郎坐最前面，徒子徒孙依辈分排坐在后面，每人都穿戴好服饰，手拿法具。大官郎领唱生日的佛经，众人跟唱，内容是答谢玉皇之恩。

图10-91　大官郎　2018年1月26日摄于龙州县横罗村

[hɛt⁷pət⁸] **做法**

[hɛt⁷]即"做"，[pət⁸]即"佛"。左江流域壮族宗教是道、佛、仙、巫杂合，因此"做法"也可称为[hɛt⁷taːu⁶]"做道"、[hɛt⁷ɬin¹]"做仙"、[hɛt⁷mɔ²]"做巫"等。

[ɬak⁷] **洗礼**

洗礼过程一般为：主人先[jip⁸fai²]"踩火"，即踩灭燃烧的稻草；接着[ɬaːu²na³]"洗脸"，即由佛婆用点燃的香在主人的脸部画圈；最后[man³paːk⁷]"漱口"。

[kʰən³] **晋官**

经过喃经、做法、洗礼等一系列活动后，时辰一到，由师父把"金轮宝坛"的黄巾披在主人后背，师父当众念完"金轮宝坛"上的圣旨，然后盖章交还主人，表示官升一级。

图10-92　道公做法　2018年1月26日摄于龙州县横罗村

图10-93　仙婆做法　2018年1月26日摄于龙州县横罗村

图10-94　佛公做法　2018年1月26日摄于龙州县横罗村

图10-95　踩火　2018年1月27日摄于龙州县横罗村

图 10-96　洗脸、漱口　2018 年 1 月 27 日摄于龙州县横罗村

图 10-97　晋官　2018 年 1 月 27 日摄于龙州县横罗村

[paːi³lau³]　摆酒

晋官后要摆几桌酒，每桌都摆五个羹匙、五双筷子，一些糖果，斟满

酒，表示庆功。

图 10-98　摆酒　2018 年 1 月 27 日摄于龙州县横罗村

[pɔn³ma⁴]　喂马

主人晋官后，法师们进入庆功阶段，也是本次晋官活动的结尾。在大官郎的指挥下，法师们时喊时跳，此时每个法师都把自己想象成天上飞奔而回人间的马。主人家要及时摆好酒，确保"马"一到就有酒喝。由两名女子负责喂"马"，据法师们介绍，昔时，庆功阶段的法师都是进入疯狂状态的，负责喂马的人喂得不及时会被"马"咬伤手、羹匙被咬碎或"马"因抢酒而互伤。如今喂酒程序已有所简化。

[tʰɔi⁵lai³]　退礼

聚会当天，亲戚朋友带糍粑、鸡、肉、米等贺礼来。主人要宴请来客，还要回敬来客一些糍粑、米、半边熟鸡等礼物，称为"退礼"。

图 10-99　喂酒　2018 年 1 月 27 日摄于龙州县横罗村

图 10-100　亲戚朋友送来的礼　2018 年 1 月 27 日摄于龙州县横罗村

图 10 - 101　亲戚朋友送来的鸡　2018 年 1 月 27 日摄于龙州县横罗村

七　人物神灵崇拜

　　左江流域壮族崇拜的人物神灵主要有：北帝、观音、岑玉音、刘三姐、伏波、班夫人等，很多地方为这些神灵建立专门的庙宇。

图 10 - 102　北帝庙　2015 年 3 月 4 日摄于凭祥市上石镇

[pak⁷tai⁶] 北帝

又称 [kuŋ¹pak⁷tai⁶] "北帝公"。北帝，原为司水之神，后逐渐演变为无所不能的地方保护神。在左江流域有一些地方供奉北帝庙，数百年来，每逢节日或红白喜事，村民均杀鸡宰羊，先到北帝庙前祭拜供奉。每年农历三月三，为村里世代相传的北帝诞辰，村民聚集起来自发打扫，修缮北帝庙，并举行隆重的祭拜仪式。

图 10 - 103　中者为北帝神像　2015 年 3 月 4 日摄于凭祥市上石镇

图 10 - 104　观音庙　2015 年 7 月 8 日摄于大新县城

[kun¹jam¹] 观音

左江流域壮族普遍信仰观音，很多庙宇都设有观音神像供人祭拜，每逢春节、侬侗节等节日壮民们抬着观音神像举行游神活动。

图 10 - 105　观音神像　2015 年 4 月 7 日摄于崇左市左州镇

图 10 - 106　岑玉音神像　2016 年 10 月 23 日摄于大新县下雷镇

[mɛ⁶ja⁶mɔ²] 乜娅莫

即岑玉音。明末清初大新县下雷一带抗寇女英雄，因胜利归来时正值霜降节，从此当地每年霜降日都举行庆功纪念活动。

[mɛ⁶ɬaːm¹] 乜三

即刘三姐，扶绥县新安村壮民认为本地是刘三姐的故乡，每年农历三月初十即刘三姐的诞辰日，都到刘三姐庙祭拜并举办歌坡节活动。

图10-107　刘三姐庙　2015年4月28日摄于扶绥县新安村

[fuk⁷pʰɔ¹] 伏波

即东汉伏波将军马援，他为开发边疆立下汗马功劳，龙州县一带壮民为此立伏波庙，并于每年农历四月十三即伏波将军诞辰日举行隆重的纪念活动。

[mɛ⁶paːn¹] 乜班

即班氏夫人，左江流域一直流传着东汉时期壮族女子班氏夫人捐粮助饷助东汉将军马援平叛乱的故事，其死后左江流域壮族奉其为神灵，并建庙祭祀。

拾　信仰崇拜

图 10－108　伏波神像　2015 年 5 月 29 日摄于龙州县城

图 10－109　班氏夫人神像　2015 年 5 月 29 日摄于龙州县城

[mε⁶luŋ²] 乜龙

即龙母，左江流域也有的地方信仰龙母，并建庙祭祀。

图 10 - 110　龙母庙　2015 年 4 月 28 日摄于扶绥县龙头乡

[tsʰaːi²san²] 财神

图 10 - 111　财神庙　2017 年 7 月 30 日摄于扶绥县兴龙乡

[siŋ²vaːŋ²] 城隍庙

城隍是中国汉族原始信仰的保护神之一，左江流域一带有的地方如大新、天等县壮族受汉族文化影响也信仰城隍神灵。

图 10-112　城隍庙　2017 年 8 月 1 日摄于大新县安平村

图 10-113　城隍庙　2016 年 10 月 22 日摄于天等县城

[man²tsʰaːŋ¹] 文昌庙

图 10-114　文昌庙　2017 年 8 月 6 日摄于扶绥县长沙村

八　信奉活动

(一) 驱邪

[mai¹kan³pʰi¹] 赶鬼叶

即赶鬼的草树叶。[mai¹] 即"叶子",[kan³] 即"赶",[pʰi¹] 即"鬼"。左江流域壮族家中有产妇或猪、牛、狗等动物生崽,屋外要挂或插放植物叶子,特别是一些带锯齿或带刺的草叶,如茅草、虎皮剑兰、仙人掌、霸王鞭等,以驱邪。

[hɔi¹] 螺蛳

[tat⁷] 剪刀

[kiŋ⁵] 镜子

[fu²] 符

包括字符和画符。

左江流域一些壮家在新房落成后即在门上方挂螺蛳、剪刀、镜子、字符等物件,以驱邪。这些物件可单独挂,也可以混合挂在一起。

图 10-115　门前用于驱邪的虎皮剑兰　2017 年 8 月 5 日摄于龙州县武联村

图 10-116　门边用于驱邪的树叶　2015 年 5 月 1 日摄于崇左市江州区卜城村

图 10 – 117　门边用于驱邪的螺蛳、剪刀　2015 年 5 月 1 日摄于崇左市江州区卜城村

图 10 – 118　镜子、剪刀　2015 年 5 月 6 日摄于崇左市江州区那贞村

图10-119 字符、镜子 2016年2月16日摄于天等县种典村

图10-120 画符 2016年12月3日摄于凭祥市练江村

[tʰin¹tʰaːi⁵saːn¹kam³taːŋ¹] **泰山石敢当**

[tʰin¹] 即"石"，[tʰaːi⁵saːn¹] 即"泰山"，[kam³] 即"敢"，[taːŋ¹] 即"当"。屋门对正大路的，门前立一块"泰山石敢当"的石碑，以驱邪。

图 10 - 121　门前的"泰山石敢当"石碑　2014 年 2 月 5 日摄于大新县新湖村

(二) 算命

[ɬun⁵miŋ⁶] 算命

也称 [tək⁷kwa⁵] "占卜"和 [lɛ⁵ɬəŋ⁵] "看相"。算命的人分男女，男的叫作 [laːu⁴tək⁷kwa⁵] "占卜佬"，女的称为 [mɛ⁶tək⁷kwa⁵] "占卜婆"。他们平时是农民，兼当地神职人员，一般在家里摆神台帮人算命。逢圩日或大节日他们也会在庙里、街上或路边临时帮人算命，赚取一些钱财。

拾　信仰崇拜

图 10-122　算命　2015 年 5 月 30 日摄于龙州县城

图 10-123　占卜佬在庙里帮人算命　2015 年 3 月 4 日摄于凭祥市上石镇

图 10 - 124　占卜婆在路边算命　2015 年 4 月 7 日摄于崇左市左州镇

(三) 其他信奉活动

[hɔi³nɛŋ¹] 挂红

起新屋下地角时在地基上架起一个木架，木架的横木上贴几张红色字符，并用一块红布盖起来，表示驱邪。

图 10 - 125　挂红　2014 年 1 月 21 日摄于龙州县上金乡

[kʰən³ləŋ²nɛŋ¹] **上红梁**

建造新屋，要架起一根染红的横梁，这根"红梁"称为[ləŋ²nɛŋ¹]，梁上绑有[pʰaːi³nɛŋ¹]"红布"和[pʰaːi³hɛn³]"黄布"，称[kʰən³ləŋ²nɛŋ¹]"上红梁"，意为上梁大吉。

图 10-126　上红梁　2015 年 8 月 3 日摄于龙州县板陋村

[paːi⁵lən²mai⁵] **拜新房**

新屋起来后，即使还没建好，每逢节日或家中有好吃的，要到新屋大厅去祭拜后才食用。

[mai¹na²] **田叶**

因可驱邪，又称[tak⁷kʰwaːt⁷]。春耕春种要选择黄道吉日，逢"枯焦日"（凶日）不插秧，有"乙日不种，戊日不耕"的说法。春耕中每插完一块田地，或留根待长第二季的田地，由长者在田地中央插一小梱树叶或芒草，以驱邪。孕妇及寡妇不得带头播种插秧。图 10-129 的水田为留根待长第二季的水田，插入一枝树叶，既表示驱邪，也暗示此田留根待长，他人或动物不得入内践踏。

图 10-127　拜新房　2018 年 2 月 18 日摄于大新县大岭村

图 10-128　拜新房　2018 年 8 月 24 日摄于大新县大岭村

图 10-129　田叶　2017 年 8 月 4 日摄于龙州县武联村

附录　大新壮语音系

广西大新县地处桂西南边陲，与越南交界，境内聚居着壮、瑶、苗、水等少数民族，壮族人口占总人口的98%。大新壮语属壮语南部方言的左江壮语。本音系根据大新县新振乡大岭村壮语的调查材料整理而成。

1. 声母有26个。分别是：p pʰ m pj pʰj mj f v t tʰ n l ɬ ts tsʰ s k kʰ kw kʰw kj kʰj ŋ h j ʔ。

列表如下：

发音方法		发音部位	唇音	舌尖前	舌尖中	舌面	舌根	声门
塞音	清	不送气	p pj		t		k kj kw	ʔ
		送气	pʰ pʰj		tʰ		kʰ kʰj kʰw	
塞擦音	清	不送气		ts				
		送气		tsʰ				
鼻音	浊		m mj		n		ŋ	
边音	浊				l			
擦音	清		f	s	ɬ		h	
	浊		v					
半元音	浊					j		

声母的主要特点是：①塞音和塞擦音有送气和不送气对立，但没有清音和浊音对立。②有腭化的双唇音、舌根音声母。③有唇化的舌根音。④舌尖前塞擦音与舌面前塞擦音不对立。⑤无清化鼻音与清化边音。⑥无复辅音声母。

声母例词：

p	pa^3 姑妈	pi^1 年	$pa:k^7$ 嘴
p^h	p^ha^3 云	p^hi^1 鬼	$p^ha:k^7$ 寄
m	ma^3 长大	mi^5 有	$ma:k^7$ 果
pj	pja^1 鱼	$pja:i^2$ 末梢	$pja:t^8$ 闪（腰）
p^hj	p^hja^1 山	$p^hja:i^3$ 走	$p^hja:k^7$ 晒
mj	$mja:n^6$（脚）扭	$mjak^7$ 骂	$mja:k^8$ 滑
f	fa^4 天	fai^2 街	$fa:k^8$（一）把
v	va^6 告诉	$va:i^2$ 牛	$va:t^7$ 挖
t	ta^5 外公	tu^1 门	tau^2（体积）大
t^h	t^ha^1 眼	t^hu^5 豆	t^hau^3 暖
n	na^2 水田	nu^1 鼠	nak^7 重
l	li^2 长	lai^1 流	lak^8 贼
ɬ	$ɬi^5$ 四	$ɬai^1$（粥）稀	$ɬak^8$ 洗
ts	tsa^1 喳	$tsəŋ^3$ 伞	$tsɛt^7$ 七
ts^h	ts^ha^2 茶	$ts^həŋ^4$ 养	$ts^hə:k^8$ 绳
s	sa^1 痧	san^3 蠢	sai^3 使
k	$kɛ^5$ 老	kau^1 我	kai^5 鸡
k^h	$k^hɛ^1$ 高傲	k^hau^3 饭	k^hai^1 开
kw	$kwɛ^2$ 瘸	kwa^5 过	$kwai^1$ 远
k^hw	$k^hwɛ^5$（鸡爪）刮	k^hwa^5 裤	k^hwai^1 容易
kj	kja^3 假	$kja:u^1$ 交	$kja:ŋ^2$ 倔
k^hj	$k^hja:u^2$ 侨	$k^hja:u^1$ 翘	$k^hja:ŋ^2$ 强
ŋ	$ŋu^2$ 蛇	$ŋa:i^1$ 早饭	$ŋa:m^1$ 刚
h	hu^1 耳	hai^5 蛋	$hɔm^1$ 香
j	ju^5 住	jai^2 坏	$jɔm^1$ 藏
ʔ	$ʔan^1$ 只（果）	$ʔɔ:k^7$ 出	$ʔim^5$ 饱

2. 韵母有 93 个。大新壮语的韵母分三类：单元音韵母、双元音韵母和带辅音尾韵母。

2.1 单元音韵母，共 6 个。举例如下：

i	ni¹ 胆	pʰi¹ 鬼	li² 长
ɛ	mɛ⁶ 母	kɛ⁵ 老	hɛ⁶ 切（菜）
a	ma¹ 狗	pa³ 姑妈	ta⁶ 河
ɔ	mɔ⁵ 泉	pɔ⁶ 父	kɔ⁵ 点（火）
u	mu¹ 猪	ju⁵ 住	tu¹ 门
ə	mə² 手	lə¹ 剩	ɬə⁴ 买

当这 6 个单元音在音节中无尾音时，这 6 个单元音都是长音。

2.2 双元音韵母，共 9 个。分 i 尾和 u 尾两类，其中 i 尾 5 个，u 尾 4 个。分别举例如下：

aːi	maːi⁵ 肉	laːi¹ 多	naːi¹ 另外
ai	mai⁵ 新	lai¹ 流	nai¹ 好
aːu	maːu¹ 蓬松	laːu¹ 怕	naːu⁶ 闹
au	mau¹ 轻	lau¹ 削（甘蔗）	nau⁶ 腐烂
ɛu	mjɛu¹ 猫	lɛu⁴ 完	nɛu⁶ 尿
iu	ʔiu¹ 丢	liu⁶ 玩耍	niu¹ 醒
ɔi	ʔɔi³ 甘蔗	kʰɔi³ 我（谦称）	hɔi³ 挂
ui	mui¹ 霜	tsʰui⁵ 堆	tʰui³ 碗
əi	ʔəi¹ 哎	kʰəi¹ 女婿	həi¹ 嘿

2.3 辅音尾韵母，共 78 个。分有带鼻音尾韵母和带塞声尾韵母两类。其中带鼻音尾韵母共 21 个，以 -m、-n、-ŋ 收尾。带塞声尾韵母 57 个，以 -p、-t、-k 收尾。

2.3.1 带鼻音尾韵母，共 21 个。以 a 起头的鼻音韵母有长短音对立，以 ɔ、ɛ 等起头的鼻音韵母只有长音，i、u、ə 等起头的鼻音韵母只有短音（除 u 与 ŋ 结合分长短音外）。举例如下：

aːm	naːm¹ 喃	kaːm¹ 柑（果）	tʰaːm¹ 贪
am	nam¹ 种（田）	kam¹ 握（住）	tam¹ 舂
aːn	naːn² 难	maːn³ 村	vaːn¹ 甜
an	nan³ 痒	man⁵ 稳	van² 天
aːŋ	naːŋ¹ 身	maːŋ¹ 薄	laːŋ¹ 毛线
aŋ	naŋ¹ 鼻	maŋ¹ 拔	laŋ¹ 后背
ɛm	nɛm³ 贴	jɛm¹ 拈（用指头拿）	lɛm³ 舔
ɛn	mɛn¹ 包（粽子）	jɛn³ 羞	pɛn³ 板
ɛŋ	mɛŋ² 飞蛾	ʔɛŋ¹ 幼小	pɛŋ³ 饼
im	tim¹ 满	kim² 咸	ɬim¹ 心
in	tin¹ 脚掌	kin¹ 吃	ɬin¹ 仙
iŋ	tiŋ³ 顶	kiŋ² 三脚架	ɬiŋ¹ 腥
ɔm	mɔm² 脑囟门	ʔɔm¹（小油盐）罐	ɬɔm⁴ 灿（米）
ɔn	mɔn¹ 枕头	nɔn⁵ 睡	ɬɔn¹ 教
ɔŋ	mɔŋ¹ 朦	nɔŋ⁴ 弟妹	ɬɔŋ¹ 两（个）
um	lum² 风	kʰum¹ 苦	ʔum³ 抱
un	lun⁶ 乱	kʰun¹ 毛	ʔun⁵ 焖
uːŋ	luːŋ¹ 大	fuːŋ¹ 方	puːŋ⁵ 放
uŋ	luŋ¹ 迷（路）	ɬuŋ¹ 高	ʔuŋ¹ 个（人）
ən	lən² 房	tʰən⁵ 移	mən¹ 月（份）
əŋ	ləŋ² 凉	tʰəŋ¹ 糖	məŋ¹（脸）愁

2.3.2 带塞音尾韵母，共 57 个。又分阴声调的塞音韵母和阳声调的塞音韵母。

2.3.2.1 阴声调的塞音韵母，共 30 个。除了 ɛ 和 i 起头的阴声调塞音韵母没有长短音对立外（其中 ɛ 的塞音韵母只有长音，i 的塞音韵母只有短音），其余 a、ɔ、u、ə 等起头的阴声调塞音韵母均有长短音对立。举例如下：

aːp	tʰaːp⁷ 挑	laːp⁷ 收拾	ɬaːp⁷ 蟑螂
ap	tʰap⁷ 找	lap⁷ 闭	ɬap⁷ 涩
aːt	faːt⁷ 发	taːt⁷ 块（地方）	kʰaːt⁷（衣）破
at	fat⁷ 鞭打	tat⁷ 剪	kʰat⁷ 节（段）
aːk	paːk⁷ 嘴	maːk⁷ 果	pʰjaːk⁷ 晒
ak	pak⁷ 刺（入）	mak⁷ 筒	pʰjak⁷ 菜
εp	tsεp⁷ 痛	kεp⁷ 拾	ɬεp⁷ 辣痛
εt	tsεt⁷ 喷	hεt⁷ 做	pεt⁷ 鸭
εk	kʰεk⁷ 客	hεk⁷ 锅	pʰεk⁷ 破裂
ip	nip⁷ 生（肉）	kip⁷ 急	ʔip⁷ 腌
it	mit⁷ 剥（玉米）	vit⁷ 雀斑	jit⁷ 溢
ik	nik⁷ 小（孩）	tʰik⁷ 踢	lik⁷ 厉害
ɔːp	kɔːp⁷ 掬	pɔːp⁷（水）泡	mɔːp⁷ 凹
ɔp	kʰɔp⁷ 咬	tɔp⁷ 拍（手）	ʔɔp⁷ 敷
ɔːt	kɔːt⁷ 抱	hɔːt⁷ 刮	lɔːt⁷ 解（衣）
ɔt	tɔt⁷ 啄	ʔɔt⁷ 塞（入）	nɔt⁷（用力）吸
ɔːk	mɔːk⁷ 雾	tɔːk⁷ 榨（油）	ʔɔːk⁷ 出
ɔk	mɔk⁷ 下降	tɔk⁷ 丢失	lɔk⁷ 拔
uːp	kʰuːp⁷ 周（岁）	tʰuːp⁷（小鸡）出壳	ɬuːp⁷ 吸（气）
up	tsup⁷ 吻	tup⁷ 棉（衣）	ʔup⁷ 焖
uːt	luːt⁷ 脱落	kuːt⁷ 蕨	juːt⁷ 抽（出）
ut	lut⁷（快速）穿过	vut⁷ 甩	fut⁷ 拟声词（忽的一声）
uːk	nuːk⁷ 聋	kuːk⁷ 锄	muːk⁷ 潲水
uk	nuk⁷ 骨	kuk⁷ 攻击	ɬuk⁷ 馊
əːp	ləːp⁷（相）逢	kəːp⁷ 交（友）	
əp	ləp⁷（小）鸡笼	pjəp⁷（鼻）扁	
əːt	nəːt⁷ 热	kʰəːt⁷（雨）停	ləːt⁷ 拉开
ət	pət⁷ 肺	tsət⁷（味）淡	ɬət⁷ 蚊帐
əːk	pʰəːk⁷ 白（色）	pʰjəːk⁷ 芋头	həːk⁷ 鳃
ək	tək⁷ 打（球）	ʔək⁷ 胸	fək⁷ 甩

2.3.2.2 阳声调的塞音韵母，共 27 个。除了 ɛ 和 i 起头的阳声调塞音韵母没有长短音对立外（其中 ɛ 的塞音韵母只有长音，i 的塞音韵母只有短音），其余如 a、ɔ、u、ə 等起头的阳声调塞音韵母均有长短音对立。这类韵母的例字不多。举例如下：

aːp	taːp^8 沓	laːp^8 腊	kaːp^8 挟
ap	tap^8 砌	lap^8 立（春）	kap^8 捉
aːt	maːt^8 抹	haːt^8 绑	ɬaːt^8 淋
at	mat^8 蜜（糖）	hat^8 核定	ɬat^8 实
aːk	taːk^8 衡量	paːk^8 白（干）	laːk^8 拉
ak	tak^8 雄性（动物）	pak^8 累	lak^8 贼
ɛp	lɛp^8 谷壳	kɛp^8 夹	tɛp^8 叠
ɛt	lɛt^8 列	k^{h}ɛt^8 根	hɛt^8 磨损
ɛk	vɛk^8 画	mɛk^8（血）脉	jɛk^8 撕
ip	tip^8 碟	kip^8 及	jip^8 踏
it	mit^8 灭	ts^{h}it^8 损失	pit^8 箩筐
ik	tik^8 笛	kik^8 极	lik^8 叫（什么名）
ɔːp	tɔːp^8 追逐	lɔːp^8（相）逢	hɔːp^8 结疤
ɔp	tɔp^8 摺	lɔp^8 及时	kɔp^8 夹的（被服）
ɔːt	mɔːt^8 蛀虫	jɔːt^8 芽	nɔːt^8 蠕动
ɔt	mɔt^8 蚂蚁	tɔt^8 凸	k^{h}ɔt^8 夹（住）
ɔːk	nɔːk^8 外	mɔːk^8 掏	hɔːk^8（猪）窝
ɔk	nɔk^8 鸟	fɔk^8 肿	tɔk^8 敲
uːp	tuːp^8 捶打	luːp^8 突然（而来）	fuːp^{8}faːp^7 动荡
up	kup^8 盖	lup^8 喝（粥）	jup^8 伸（脚）
uːt	ŋuːt^8 月	puːt^8 拨（款）	tuːt^8 剥夺
ut	kut^8 稠	ɬut^8 喝（浓汁）	fut^8 活该
uːk	ɬuːk^8 熟（人）	puːk^8（一）捆	van^{2}ts^{h}uːk^8 明天
uk	ɬuk^8（煮）熟	luk^8 孩子	muk^8 鼻涕
əːt	ləːt^8 血	kəːt^8（粥）稠	pəːt^8 稀烂
əːk	ts^{h}əːk^8 绳	ləːk^8 选（种）	ŋəːk^8 颚
ək	mək^8 墨	kək^8 隔	

3. 声调

大新壮语有 6 个舒声调和 2 个塞声调，塞声调又各分长短。

调类	舒声调						塞声调			
	一	二	三	四	五	六	七（短）	七（长）	八（短）	八（长）
调值	55	31	35	523	33	21	55	33	33	21

列表举例如下：

	调类	调值	例词
舒声调	第一调	55	ma^{55} 狗、pi^{55} 年、nam^{55} 黑
	第二调	31	ma^{31} 麻、pi^{31} 肥、nam^{31} 熟软
	第三调	35	ma^{35} 长大、pi^{35} 比、nam^{35} 想
	第四调	523	ma^{523} 马、ɬə^{523} 买、nam^{523} 水
	第五调	33	ma^{33} 肩、pi^{33} 过滤、naːm^{33} 跨
	第六调	21	mɛ^{21} 母、pi^{21} 兄姐、jam^{21} 思念
塞声调	第七短调	55	t^{h}ap^{55} 找、k^{h}at^{55} 节、pak^{55} 刺
	第七长调	33	t^{h}aːp^{33} 挑、k^{h}aːt^{33} 破、paːk^{33} 嘴
	第八短调	33	kap^{33} 捉、hat^{33} 核定、tak^{33} 雄性
	第八长调	21	kaːp^{21} 挟、haːt^{21} 绑、taːk^{21} 衡量

参考文献

曹志耘：《汤溪方言民俗图典》，语文出版社2014年版。
崇左市政协文史和学习委员会编：《崇左壮族习俗（崇左文史第一辑）》，南宁市开源彩色印刷有限公司印，广西内部资料性出版物准印证号：0007012，2008年12月。
崇左县志编纂委员会：《崇左县志》，广西人民出版社1994年版。
大新县志编纂委员会：《大新县志》，上海古籍出版1989年版。
邓玉荣 刘宇亮 胡妍 欧伟文：《中国语言文化典藏藤县》，商务印书馆2017年版。
冯良珍 白静茹：《平遥方言民俗图典》语文出版社2014年版。
梁敏、张均如：《侗台语族概论》，中国社会科学出版社1996年。
龙州县志编纂委员会：《龙州县志》，广西人民出版社1993年版。
宁明县志编纂委员会：《宁明县志》，中央民族学院出版社1988年版。
伍云姬：《湘西瓦乡话风俗名物彩图典》，湖南师范大学出版社2007年版。
杨璧菀：《中国语言文化典藏怀集》，商务印书馆2017年版。
张均如、梁敏、欧阳觉亚、郑贻青、李旭练、谢建猷等合著：《壮语方言研究》，四川民族出版社1999年版。

后 记

　　本书是在国家社会科学基金项目结题书稿的基础上修改而成的。从结题到出版，先后历经了两年时间，面对这仍不尽如人意之作，感慨万分，难以言表。

　　在过去数年的田野调查过程中，我得到了左江流域一带老乡的热情支持。他们主动地帮我提供线索，带领我到偏僻的乡村拍摄风俗仪式及传统工艺。我家乡的十婶是本书的主要发音人，对本书的壮语标音帮助很大。我的夫君方镣英作为课题组成员之一一直陪伴我做田野调查，既要开车，又帮拍摄，书中有很多图片是他的摄影作品。中国社会科学出版社编辑郭鹏同志克服了编排中的种种困难，使该书得以问世。在此我向所有帮助过我的人表示最诚挚的感谢。

　　本书照片都征得被拍摄者的同意，在此感谢这些纯朴的壮族百姓对本书的贡献。

　　本书的出版得到了梧州学院中国语言文学学科建设基金的资助。谨表谢忱！

　　左江流域是我生长的地方，那片土地和父老乡亲对我的养育之恩永生难忘。谨以此书奉献给那里的父老乡亲。

黄美新
2020 年 12 月